Deslocamentos

Nair Kremer

Deslocamentos

Experiências de Arte-educação na Periferia de São Paulo

edusp

imprensaoficial

VITAE

Dados Internacionais de Catalogação na Publicação (CIP)
(Câmara Brasileira do Livro, SP, Brasil)

Kremer, Nair.
Deslocamentos: Experiências de Arte-educação na Periferia de São Paulo, Nair Kremer. São Paulo: Editora da Universidade de São Paulo / Imprensa Oficial do Estado de São Paulo/ Vitae, 2003.

Bibliografia
ISBN 85-314-0758-3 (Edusp)
ISBN 85-7060-214-6 (Imprensa Oficial do Estado de São Paulo)

1. Arte – Aspectos sociais 2. Arte – Estudo e ensino 3. Educação multicultural 4. Sociologia educacional I. Título.

03-0099 CDD-707

Índices para catálogo sistemático:

1. Arte-educação 707

Edusp – Editora da Universidade de São Paulo
Av. Prof. Luciano Gualberto, Travessa J, 374
6º andar – Ed. da Antiga Reitoria – Cidade Universitária
05508-900 – São Paulo – SP – Brasil – Fax (0xx11) 3091-4151
Tel. (0xx11) 3091-4008 / 3091-4150
www.usp.br/edusp – e-mail: edusp@edu.usp.br

Imprensa Oficial do Estado de São Paulo
Rua da Mooca, 1921 – Mooca
03103-902 – São Paulo – SP – Brasil
Tel.: (0xx11) 6099-9800 – Fax: (0xx11) 6099-9674
www.imprensaoficial.com.br
e-mail: livros@imprensaoficial.com.br
SAC 0800-123 401

Vitae
Rua Oscar Freire, 379, 5° andar
01426-001 – São Paulo – SP – Brasil
Tel.: (0xx11) 3061-5299 – Fax: (0xx11) 3083-6361
www.vitae.org.br
e-mail: vitae@dialdata.com.br

Printed in Brazil 2003

Foi feito o depósito legal

Este livro é dedicado às crianças e aos adolescentes cujos trabalhos estão aqui apresentados. Sem a participação de todos eles este livro não existiria...

[...] Na manhã seguinte uma folha despregou-se de uma árvore alta e durante enormes minutos planou no ar até repousar na terra. Você não compreendia donde vinha a doçura. O chão era negro e coberto de folhas secas donde então vinha a doçura? [...]

Clarice Lispector, *O Lustre*,
Rio de Janeiro, Agir, 1946.

Sumário

11 **Agradecimentos**

13 **Introdução**

25 **Berta Waldman Entrevista Nair Kremer**

43 **01 Poéticas do Processo**
45 1.1 Casa do Zezinho
49 1.2 Resgate Pelo Retrato
97 1.3 Ateliê de Livre Criatividade

155 **02 Da Natureza para a Arte, da Arte para a Natureza**
157 2.1 Projeto Anchieta
159 2.2 Trabalhando com a Natureza

173 **03 Formação de Monitores**
175 3.1 Reflexões sobre a Arte e o Papel do Educador
177 3.2 Atividades para Capacitação dos Monitores da Casa do Zezinho
181 3.3 Atividades para Capacitação dos Monitores do Projeto Anchieta
183 3.4 Seminário de Arte-educação Dirigido a Instituições de Educação Não-formal da Periferia
189 3.5 Metodologia e Estratégia
193 3.6 Estética da Escassez

197 **04 Leituras para Reflexão**
199 4.1 Processos Criativos I: A Arte e suas Ligações
211 4.2 Processos Criativos II: Em Busca do Motivo Significante
219 4.3 Memórias em Branco: Uma Homenagem a Paul Celan – *Berta Waldman*
223 4.4 A Sombra e a Multiplicidade: Um Diálogo entre Nair Kremer e Clarice Lispector – *Berta Waldman*

233 **Cronologia da Artista**

239 **Indicadores Socioeconômicos da Região de Campo Limpo**

257 **Bibliografia**

Agradecimentos

Às equipes da Casa do Zezinho: a Dagmar Garroux, presidente, a Saulo Garroux, coordenador de artes, a Maria Corina Gama de Macedo, supervisora geral. A todos os educadores e educadoras: Adélia Cláudia Carneiro dos Santos, Amanda Rodrigues, Ana Beatriz Fernandez Nogueira, Ana Maria Sandoval, André Franco, Antônio Claret Fogaça, Carla Regina de Oliveira, Deyse Rivieri Machado, Elialdo Teixeira Lima, Gilson Martins Ramos, Helena dos Santos, Jerusa Messina, Maria Carolina Fernandes Bassi, Maria Célia Fernandes Gonçalves, Maria Isabel Albanese, Sandra de Fátima P. Viana Pinto, Sílvia Sobrera Sarmento, Soraia Sichetti, Suiá Berger, Therezinha dos Santos, Thereza Hashimoto Verde, Wesley Nog, e ainda aos educadores do Ballet Stagium e do Teatro Escola Macunaíma. Agradeço também àqueles que fazem parte dessa família: Adriano José Sandoval, Claudionice Santos de Freitas, Derani Rivieri, Gláucia Maria Cardoso de Miranda, Irenalda Coelho dos Santos, Kátia Regina Vieira, Kátia Roberta Ribeiro Sousa da Silva, Maria Angela dos Santos, Maria de Fátima Ferreira, Martinha dos Santos, Miriam Egle Torturelli, Osmar Eduardo, Roberto Hashimoto Verde, Rubens Terssariol, Sueli Camargo de Mattos, Victor Haim, além de tantos outros.

Do Projeto Anchieta: a Antonieta Bergamo, presidente. Aos monitores: Estela Góes Teixeira, Juliana Kelli da Silva, Janilson Aparecido da Silva, Andreia da Silva Alves, Jucelia Regina da Silva, Solange José da Silva Teles, Cirlene Fernandes da Silva Pires, Vilma Santos Brito. E a todos os que também fazem parte desta equipe: Eliana Góes Fernanda, Eliane Gonçalves, Irene Aparecida Pereira, Felipa Silva Soares, Marina R. da Silva, Gisele Aparecida da Silva Azevedo, Luiza da Silva, Leide Alves de Almeida, Leda Maria da Silva, Espedito de Souza Marcelino, Sylvia Guimarães, Yvone Vainer, Carla Venusa, Alexandra Contocani, Sheila Riezi, Eduardo Silva de Paulo, Fábio Resende, Maria Carmem Orofino, Luciano Nakata, Carla Venusa, Daniel Santana, Lucimar Fátima dos Santos, Bia Abramo e Eliane Rotolo.

Agradecimentos especiais a Eduardo Marino, Mira Perlov, Jorge Schwartz, Aron Kremer e Plinio Martins Filho.

A Berta Waldman, que como crítica e amiga acompanha, comenta e incentiva minhas obras na arte e na arte-educação, minha gratidão.

FINALMENTE AGRADEÇO À ORGANIZAÇÃO VITAE NA PESSOA DE REGINA WEINBERG,
À COOPERATIVA ASSISTENCIAL CASA DO ZEZINHO NA PESSOA DE DAGMAR GARROUX,
E AO PROJETO ANCHIETA NA PESSOA DE ANTONIETA BERGAMO.

Introdução

Qual o propósito de uma arte cujo exercício não me transforma?

Paul Valéry

Esforço-me por criar uma arte que seja perceptível a todos os observadores[1].

Henri Matisse

As imagens deste capítulo mostram algumas tomadas do vídeo que documentam o deslocamento físico da casa de Nair Kremer até a Casa do Zezinho.

Este livro foi pensado, construído e concebido de diversas formas: trata de um relato sobre a criação de seres humanos e, por isso, fala de muita coisa... Ora desejei enfatizar as obras, ora descrever os processos criativos, ora discorrer sobre as reações dos participantes, ora esmiuçar as minhas emoções e descobertas enquanto eles trabalhavam. Como Goethe mesmo havia falado, a arte é uma viagem em direção ao outro...

Uma reflexão sobre os pensamentos que me ocupam sobre a vida, o ser humano, os diferentes planos com os quais o indivíduo está em contato (ideais, sobrevivência material, ter filhos, netos etc.) constitui hoje um dos meus maiores desafios. E nesse mundo conturbado, estes meus pensamentos acabaram recaindo sobre este trabalho que foi realizado na periferia de São Paulo, apesar de o mesmo ser somente um viés de algo muito mais amplo. Não acredito num "pacote ideal" que resolva as questões existenciais, meus pontos de vista nunca são inteiramente coerentes, pois estamos num mundo fragmentado, onde não há um equilíbrio. É por meio desta rica experiência, que ocupou os meus últimos três anos, que procuro refletir sobre esse pluralismo.

Meu desejo inicial foi o de, simplesmente, relatar o trabalho desenvolvido com crianças de diversas idades na periferia da cidade de São Paulo. Porém, à medida que o livro tomava forma, percebi que, a partir da experiência realizada, seria possível traçar uma metodologia de educação por meio da arte.

Esse meu interesse na área data de quarenta e três anos, quando li, pela primeira vez, o livro *Educação através da Arte*, de Herbert Read[2]. Entusiasmei-me com seus ensi-

namentos e então decidi qual seria o meu caminho: o ensino por meio da arte. Na época, já acreditava que a arte podia ser uma das formas mais eficazes de estímulo à reflexão sobre valores, atitudes e comportamentos e, portanto, à promoção do processo educacional de qualquer indivíduo. A atividade criativa estimula muitos tipos de questionamentos e coloca os seres humanos diante de caminhos diversificados, que os levam a tomar consciência de suas possibilidades de escolha e, enfim, a fazer uma opção dentre elas. A grande função da arte na educação é a de preparar o homem para uma relação criativa com o mundo, ampliando a consciência acerca de suas potencialidades e de suas possibilidades de atuação sobre o meio.

Digo-o com orgulho, nunca considerei a pintura como uma arte de puro entretenimento e distração. Através do desenho e da cor, pois que eram estas as minhas armas, pretendia penetrar de forma cada vez mais profunda no conhecimento do mundo e dos homens, para que este conhecimento nos fizesse mais livres dia após dia [...] Sim, tenho consciência de ter lutado com a minha pintura como um verdadeiro revolucionário [...][3]

Pablo Picasso

Antes de me dedicar finalmente à educação pela arte, percorri uma trajetória longa e acidentada. Formei-me em química industrial e trabalhei em laboratórios de indústrias de alimentos por vários anos. Devido a um desses felizes acidentes, tornei-me artista plástica aos trinta anos, obtendo um rápido reconhecimento internacional. Embora este fato não tenha me afastado do desejo de ensinar arte, certamente implicou uma maior lentidão do processo.

Os primeiros dez anos de minha trajetória como artista foram muito intensos: realizei diversos trabalhos e exposições (Bienal, MASP, Pinacoteca, MAM/RJ, Museu das Américas nos EUA etc.), além de ter trabalhado também como educadora, (dando) aulas de arte para crianças. Aos quarenta anos resolvi estudar arte, pois, até então, tinha sido autodidata. Em Israel, ingressei numa escola que formava professores de arte, arte-educadores e artistas e, como cursos de especialização, escolhi a terapia por meio da arte – no campo da psicologia –, e a escultura, no campo da arte propriamente, com o intuito de trabalhar tanto seus aspectos conceituais como práticos. Entre as diversas atividades didáticas que realizei, ressalto a criação do Departamento de Artes da Universidade Livre do Shaar Hanegev, o atendimento a pacientes – como arte-terapeuta –, e a orientação a jovens artistas em meu ateliê (consultório), que realizo até os dias de hoje. Sou mãe de quatro filhos e avó de nove netos, por enquanto...

Com essa experiência e formação, comecei a trabalhar na periferia de São Paulo.

N. K.

Devemos saber como preservar a frescura e a inocência que uma criança possui quando entra em contato com uma coisa. Temos que permanecer criança a vida inteira e, ao mesmo tempo, um homem que capta a sua energia das coisas do mundo[4].

Henri Matisse

[...] a parceria do outro é parte constitutiva e fundamental do laboratório de construção de sentidos intermitentes, que se fazem para se desfazer e se refazer em outros patamares.

Berta Waldman

Com essa experiência e formação, comecei a trabalhar na periferia de São Paulo. Neste livro, relato o trabalho que desenvolvo na *Casa do Zezinho* e no *Projeto Anchieta* desde 1999 e 2001 respectivamente. Em ambos os lugares, introduzi oficinas de arte para crianças e jovens, além de formar monitores para orientarem a realização dessas atividades. Com base nessa rica vivência – profissional, artística e educacional –, acredito ser-me possível, hoje, sugerir uma metodologia acerca da arte na educação, mais especificamente nas periferias urbanas.

A amplitude e a variedade dessas experiências exigiram que a concepção visual deste livro comportasse um pouco de cada coisa. Um texto que leva a outro, que leva a outro e que se explica novamente. São muitas histórias dentro de uma história. Essas vivências com arte na periferia de São Paulo são contadas por meio de depoimentos das crianças, de impressões e documentação fotográfica minhas, de citações e, principalmente, de imagens dos trabalhos realizados por elas. Esses elementos percorrem todo o livro. Desse modo, cada um pode construí-lo como preferir, pois ele permite diversas possibilidades de leitura.

Sua concepção visual dialoga com outro trabalho meu, intitulado *Arquivos da Memória*. Montado para uma exposição no SESC Pompéia, havida em São Paulo em 1999, e no Museu das Américas, em Washington, em 1998. O trabalho consistiu numa série de gavetas que continham objetos – "fragmentos de memória" – que suscitavam o desencadeamento de processos emocionais e criativos. A partir daí, os visitantes podiam trabalhá-los em mesas de areia montadas no espaço da exposição[5]. Sobre os *Arquivos da Memória*, Berta Waldman, professora da Universidade de São Paulo, observou:

> Como o trabalho de Nair Kremer é basicamente interativo, a parceria do outro é parte constitutiva e fundamental do laboratório de construção de sentidos intermitentes, que se fazem para se desfazer e se refazer em outros patamares. É a esse processo que a artista chama de terapêutico, atributo que não carrega a idéia de cura, mas de abertura para uma dimensão emocional nova, onde a transformação, a imprevisibilidade e a multidireção oferecem-se como contrapartida da vida aprisionada num sentido acabado[6].

Na nossa miserável época importa sobretudo despertar o entusiasmo[7].

Pablo Picasso

Semelhante ao trabalho proposto nos *Arquivos da Memória*, procuro facilitar a liberação desses processos criativos, uma das razões do meu trabalho como arte-educadora. Mas, diferentemente do que ocorre na exposição, não basta desencadear o processo criativo na arte-educação e deixá-lo à deriva: é necessário alimentá-lo com carinho, com presença, sinceridade, incentivo, confiança e, principalmente, com estética, fornecedora de referências visuais e artísticas (catálogos, livros, exposições etc.). Julgo também importante a valorização do produto final, com mostras dos trabalhos desenvolvidos nas oficinas de arte e sua submissão a discussões de seus aspectos formais e estéticos, além de seus significados éticos e simbólicos.

Acompanha esta introdução cenas de um vídeo que documentou o percurso que faço da minha casa – situada no bairro de Higienópolis, de classe média alta, próximo ao centro – até a *Casa do Zezinho*, no Parque Santo Antônio, bairro da periferia da zona sul. A entrevista gira em torno deste deslocamento e de outros, ocorridos durante esse período de trabalho, sobre questões de arte, arte-educação, sobre a relação entre meu trabalho como artista e meu trabalho na periferia, além da valorização do trabalho das crianças.

Devo acrescentar que todo o registro fotográfico presente no livro nunca foi feito com a intenção de integrar algum tipo de documentação formal, nem tampouco de ser publicado. Minha necessidade de fotografar foi espontânea, e aconteceu à medida que as diversas etapas dos trabalhos e das montagens das exposições foram realizadas.

A pintura deixou de ter a tarefa de representar os acontecimentos da História; estes encontramo-los nos livros. Para nós, a pintura é algo mais. Ela serve para o artista exprimir as suas visões interiores[8].

Henri Matisse

O livro divide-se em quatro seções: a primeira faz uma apresentação da *Casa do Zezinho*, do trabalho de arte-educação nela introduzido e uma avaliação de seus resultados. A segunda trata do *Projeto Anchieta*, outra experiência realizada com crianças e jovens na periferia de São Paulo e que exemplifica como a mesma metodologia de arte-educação pode ser aplicada a projetos que apresentam condições muito diferentes entre si. A terceira seção discorre sobre a formação de monitores, ou seja, sobre a capacitação dos recursos humanos disponíveis nos projetos. Final-

mente, a quarta e última seção, *Leituras para Reflexão,* apresenta quatro artigos que giram em torno do tema "*Processos criativos*". Berta Waldman notou que a motivação do meu trabalho como artista coincide com a motivação como arte-educadora. Nesse capítulo, então, pareceu-me mais enriquecedor para a matéria do livro ilustrar esses artigos com uma seleção de alguns trabalhos meus. Além disso, estaria atendendo ao pedido da maioria dos meus alunos, que ainda não tinham contato algum com meu trabalho.

O artista é como um receptáculo de sentimentos que vêm de toda a parte: do céu, da terra, de um pedaço de papel, de uma figura que passa, ou de uma teia de aranha. Por isso não devemos fazer diferenças. Quando estão em causa coisas, não há diferenças de classe[9].

Pablo Picasso

A composição deste livro propiciou uma oportunidade de re-examinar meu trabalho como artista. Penso que todas as minhas atividades como artista e educadora – professora de história da arte, orientadora de jovens artistas, arte-terapeuta –, somadas a essas experiências mais recentes na periferia de São Paulo, fazem parte de uma só busca. Acredito que o fazer criativo e o fazer artístico autênticos, ministrados pela arte-educação, têm a capacidade de auxiliar os seres humanos, de maneira efetiva e permanente, na superação da alienação social e da exclusão psicológica. Além de seus aspectos terapêuticos, a arte-educação propicia o encontro de caminhos construtivos para o enfrentamento do conflito urbano. Essas talvez sejam as principais funções da arte hoje, fornecedoras de esperança àqueles que sonham a educação como um processo de transformação da realidade. E é isto, em última análise, o que me proponho a realizar.

Notas do Capítulo

1. Henri Matisse em Volkmar Essers, *Henri Matisse, 1869-1954*, Trad. Casa das Línguas, Colônia, Alemanha, 2001, p. 7.
2. Herbert Read, *A Educação pela Arte*, Trad. Valter Lellis Siqueira, São Paulo, Martins Fontes, 2001 (Coleção a). Herbert Read nasceu em 1893, em Yorkshire, e era filho de agricultores. Estava na Universidade de Leeds quando começou a Primeira Grande Guerra, onde serviu como oficial de infantaria na França e na Bélgica. Depois disso, desempenhou vários cargos no serviço público, tendo trabalhado por dez anos no Victoria and Albert Museum, onde se especializou em cerâmica e pintura em vidro. Tornou-se professor de Belas Artes na Universidade de Edimburgo, "Clark Lecturer" no Trinity College de Cambridge (1929-1930), "Sidney Jones Lecturer" da Universidade de Liverpool (1935-1936), "Norton Professor" na Universidade de Harvard (1953-1954), Doutor *honoris causa* pela Universidade de Leeds.
3. Pablo Picasso em Ingo F. Walther, *Pablo Picasso, 1881-1973: O Gênio do Século*, Trad. Ana Maria Cortes Kollert, Colônia, Alemanha, Taschen, 2000, p. 10.
4. Henri Matisse em Volkmar Essers, *op. cit.*, p. 89.
5. Essas mesas de areia surgiram do deslocamento de um consultório de psicologia para um espaço público, que as utiliza como estratégia terapêutica.
6. Texto de Berta Waldman, *Memória e Forma*, escrito por ocasião da exposição no SESC Pompéia.
7. Pablo Picasso em Ingo F. Walther, *op. cit.*, p. 22.
8. Henri Matisse em Volkmar Essers, *op. cit.*, p. 60.
9. Pablo Picasso em Ingo F. Walther, *op. cit.*, p. 18.

Berta Waldman Entrevista Nair Kremer

Quer dizer, Nair, que nossa conversa irá fluir sobre as linhas que perfazem o caminho de sua casa à periferia?

NK | É isso mesmo. Só espero que elas não restrinjam as margens de nosso diálogo.

Mas o que são essas linhas que acompanham graficamente nossa conversa?

Cruzo o rio Pinheiros e, de um só golpe, o aspecto físico da paisagem muda. O verde desaparece, o trânsito torna-se mais caótico, a poluição visual prolifera em toda parte.

NK | Elas marcam a trajetória de minha casa – localizada num bairro de classe média alta de São Paulo – até a Casa do Zezinho. É um percurso longo, que dura de uma a duas horas. Sentada no carro, olho pela janela e vou vendo as transformações da paisagem a partir de um bairro organizado, relativamente limpo e arborizado, passando pela marginal do Pinheiros, de onde posso avistar a avenida Berrini com seus prédios de arquitetura futurística. Lá estão os escritórios luxuosos de empresas nacionais e multinacionais. Cruzo o rio Pinheiros e, de um só golpe, o aspecto físico da paisagem muda. O verde desaparece, o trânsito torna-se mais caótico, a poluição visual prolifera em toda parte, as casas nas ruas laterais parecem se engalfinhar para ganharem algum lugar ao sol. E há ainda os transeuntes... A violência, que está em toda parte, ganha aqui mais visibilidade. Foram muitos os devaneios que tive durante esse percurso e, é claro, eles me levaram a muitas direções: tanto a pensamentos que não tinham nada a ver com o que eu ia fazer na Casa como a múltiplas questões que essa trajetória – tão marcante fisicamente – levantava: um lugar arborizado, limpo, organizado, e que, aos poucos, vai se transformando, denotando a diferença gritante entre dois mundos. O deslocamento de um bairro a outro não é nada simples...

Daí, então, resolvi fazer um vídeo que começava com a minha saída de casa em direção à Casa do Zezinho, e que percorria a avenida Rebouças, depois a marginal do rio Pinheiros, com todos aqueles prédios maravilhosos da Berrini e seus reflexos espelhados nas paredes envidraçadas. Terminava o percurso na Casa do Zezinho, onde me defrontava, então, com a periferia nua e crua.

O fato de você se deslocar fisicamente carrega outros tipos de deslocamentos?

Deslocamentos no aspecto psicológico, filosófico, ético, estético etc.

NK | Esta é uma pergunta central. Quais outros deslocamentos? Afinal, se eu me desloquei, o que este trabalho deslocou em mim ao ir até a periferia? E o que deslocou nos jovens? Deixe-me pensar... Que outros tipos de deslocamentos? Deslocamentos no aspecto psicológico, filosófico, ético, estético etc.

A seu ver, o que tem mais relevância?

O que me ocorre é a experiência do deslumbramento.

NK | De minha parte, num primeiro momento, sempre estive imersa no mundo das artes, com paixão. Mas ultimamente, por já ter "visto muito" – exposições, Bienais, *Documenta* – eu mais conferia do que me deslumbrava. Penso que o deslocamento maior que pude sentir em mim foi o entusiasmo, o deslumbramento frente aos trabalhos produzidos pelos jovens da periferia e, mais particularmente, pelos trabalhos produzidos no Ateliê de Livre Criatividade da Casa do Zezinho. Aos sábados, eu sempre ia dar aula num clima de suspense: o que vai acontecer hoje? Por quais estranhamentos vou passar? De onde o Vanderli tirou aquele auto-retrato com a boneca? Ou de onde surgiu a mini-instalação da Damiane? Ou os trabalhos de cunho erótico do Alcesarino? Esses estranhamentos causaram um deslocamento em mim.

O trabalho de arte-educação desloca as crianças da periferia para outro lugar?

Os processos criativos desencadeados abriram portas.

NK | Com relação aos deslocamentos dos jovens, eu acho que eles também ocorrem. Em que direção? Se grandes, pequenos ou médios? Se de caráter emocional, perceptivo, cultural ou tudo ao mesmo tempo?... São questionamentos difíceis de serem respondidos. Mas de qualquer modo, os processos criativos desencadeados abriram portas.

Mas você tem visto mudanças nesses jovens a partir desse seu ponto de vista?

Para uma nova visão de mundo...

... abrem-se alternativas e outros horizontes até então nem pensados por ela, caminhos que pareciam inviáveis.

NK | Eu acho que esse trabalho não só desloca o olhar da criança de seu cotidiano para um mundo rico de expressões – até então reprimidas –, mas desloca-o principalmente para uma nova visão de mundo. Para aquela criança que participa ativamente das atividades, o dia-a-dia e os seus objetos do cotidiano são os mesmos: a casa é a mesma, assim como suas roupas, seus sapatos, seus companheiros, enfim, o seu entorno. O que muda é a sua visão de mundo: abrem-se alternativas e outros horizontes até então nem pensados por ela, caminhos que pareciam inviáveis. E refiro-me aqui a caminhos e horizontes não restritos ao aspecto material, mas especialmente aos valores humanos e intelectuais. Possivelmente, serão mais uma convivência com a pobreza, com a discriminação social, com a violência. Porém, ela poderá observar esse mundo com outro olhar, e nele descobrir outros mundos e outros caminhos que não sejam a fatalidade da miséria urbana da periferia. Ampliou-se a visão de mundo desses jovens.

Mas esse caminho é unidirecional?

NK | O livro é uma tentativa de aproximar o centro da periferia ou de fazer o percurso em sentido contrário: ou seja, levar algo do centro para a periferia e da periferia para o centro, apesar da afirmação de que, hoje, não existem mais periferia e centro, segundo algumas teorias desenvolvidas pelo mundo das artes, tais como defende a curadora da penúltima *Documenta* de Kassel – Catherine David –, ao questionar o termo "periferia". Mas será que, numa realidade como a de São Paulo, é possível considerar a periferia como centro e o centro como periferia? Nós sabemos que o centro é onde se encontra a classe social mais abastada, onde se concentra a força econômico-cultural da metrópole, força esta determinante.

Mas não é demagógico o centro absorver (ou incluir) a periferia como uma ação benemérita? Ou incluí-la na arte e excluí-la na pobreza?

O meu trabalho não vai resolver o problema da carência educacional numa escala maior.

NK | O meu trabalho não vai resolver o problema da carência educacional numa escala maior, de visibilidade óbvia. Para mim, importa que ele atinja não uma massa, e sim que tenha um papel transformador de pessoa para pessoa. Vivo num mundo em que não posso ser alienada. A crise social está por toda parte e eu me vejo fazendo perguntas...

O trabalho numa casa como essa pode ser confundido com filantropia?

Para mim, como artista, o que interessa é testar outras relações.

NK | A ação que penso estar realizando tem mão dupla. Ela não existe num único sentido. É um trabalho que os dois lados usufruem. Parafraseando Paulo Freire, a criança aprende com o professor e este com a criança. Fui à Casa do Zezinho como voluntária, tendo em mente aplicar meus conhecimentos e experiência como artista e arte-educadora. Estar lá é me envolver com várias questões e testar vários materiais e circunstâncias. Trabalho e tiro as minhas conclusões. Não me interesso mais em testar materiais no sentido artístico apenas: isto já se esgotou aos meus olhos nos anos de 1960. Para mim, como artista, o que interessa é testar outras relações.

A educação desempenhada por você através da arte tem alguma ramificação na arte politizada?

NK | Podemos nos relacionar com a arte de várias formas: negar a função social da arte e insistir em sua autonomia é uma delas. Outra diz respeito a um objeto relacionado com o outro ou, como já dizia Piero De La Francesca, em 1490, mais importante que pintar um arcipreste é a relação entre a pintura de um arcipreste e outro, e as "instalações artísticas", nos dias atuais, refletem este conceito.

Uma terceira forma de relacionamento com a arte adota estratégias sociais, nas quais o artista é o mediador na comunicação, é o ator social, e até terapeuta. Educação por meio da arte é uma questão complexa. Na *Documenta* de Kassel, Joseph Beyus apresenta questões em seu projeto que podem servir como ponto de discussão: ele acredita que o indivíduo, através de uma atitude ética e estética, pode mudar o mundo, e essa atitude se caracteriza como uma atitude de arte. Beyus defende a idéia de escultura social afirmando que, sob determinado aspecto, qualquer pessoa é artista, e que princípios como o da qualidade não cabem mais na nova realidade. Ele vai além: seu conceito afirma a arte como atitude transformadora não só do indivíduo, mas da sociedade. Me dei conta de que o artista pode desempenhar um papel importante na cura de um trauma social. Por meio da arte, o artista pretende reconstituir espiritualmente a unidade do homem e devolver-lhe energia e tensão para transformar sua relação com a sociedade.

Uma terceira forma de relacionamento com a arte adota estratégias sociais, nas quais o artista é o mediador na comunicação, é o ator social, e até terapeuta.

O meu grupo em Israel discutiu muito esses conceitos. O artista é levado a pensar o entorno em que vive e, por conseguinte, isto afeta sua produção. A arte apóia-se em critérios cada vez mais gerais que envolvem não somente os níveis da criatividade individual, mas especialmente sua inserção no contexto social.

Meu trabalho não é uma ação política. Na questão da educação por meio da arte, eu me coloco como ser humano participativo e como artista.

Na questão da educação por meio da arte, eu me coloco como ser humano participativo e como artista.

A propósito deste livro, como você encara a arte?

NK | A arte é a vontade do homem em transcender. O que está em foco é aquilo a que o artista dá valor, ao que nós acreditamos ser um valor transcendental. Para Herbert Read, o mundo interior é a história dos acontecimentos vividos pelo homem no mundo exterior, desenvolvido através do contato que elabora com a ambiência. O contato do indivíduo com o ambiente cria, portanto, a internalidade humana.

A arte é a vontade do homem em transcender.

O homem interpreta cada uma das realidades como uma experiência única e subjetiva. Nenhum homem pode transferir a outro a sua experiência. A experiência é vivencial e, por isso, a internalidade não se transmite. A arte nasce da vivência do indivíduo com o ambiente e ninguém transmite experiência para ninguém. O que se transmite, o que se oferece é a possibilidade de ampliar mundos e horizontes, é a maneira pessoal de ver e de relacionar-se com as coisas e fatos. A arte é algo que tem existência, mas depende de alguém que a realize e também de alguém que a usufrua. A arte não é algo separado do homem, e sim um produto de seu comportamento.

Não considero a arte como algo extraordinário, mas como parte do comportamento humano. É algo que o indivíduo pode realizar ao encontrar condições propícias. Cada pessoa tem uma forma de ver o mundo, dependente de sua inserção nesse mundo. Porém, há padrões de referências comuns.

Não considero a arte como algo extraordinário, mas como parte do comportamento humano.

A história da arte é diferenciada. Existem épocas e estilos e, a cada momento histórico, corresponde um ideal cultural que condiciona a percepção do indivíduo. Perceber é um ato individual, mas este ato está determinado por ingredientes culturais. A cada fato cultural corresponde, naturalmente, uma forma de percebê-lo. Podemos dizer que não existe uma estética. Há diferentes estéticas, assim como há diferentes culturas, e há tantas estéticas para quantos forem os movimentos culturais.

A grandeza de uma obra de arte não está num único caminho interpretativo: está nos múltiplos caminhos que se abrem para as pessoas no tempo e no espaço. É um código aberto que se carrega de significados de acordo com a vivência dos homens.

Perceber é um ato individual, mas este ato está determinado por ingredientes culturais.

No trabalho de Educação pela Arte é importante estimular as pessoas a criarem suas próprias expressões e a usarem-nas como mensagens enviadas a si próprias?

Cada aluno é uma experiência única e pede um relacionamento especial.

NK | É importante oferecer aos jovens uma grande variedade de símbolos para que eles aprendam a lidar com a simbologia e possam, através dela, utilizar um código pessoal. Quando o jovem encontra imagens com as quais ele se identifica e pelas quais ele se lê, diferentes processos criativos podem ser desenvolvidos. Criatividade é algo que não se ensina; entretanto, pode se oferecer a oportunidade através de situações que promovam, na pessoa, o desenvolvimento de uma linguagem própria. Ensinam-se técnicas, mas não se pode ensinar alguém a criar. Cada aluno é uma experiência única e pede um relacionamento especial.

Trabalhar num espaço marcado do ponto de vista social e econômico deixa marcas nos objetos nele criados?

É lógico que todo trabalho de arte reflete o mundo de quem o faz.

NK | Eu acho que o mundo da arte não é um mundo à parte. É lógico que todo trabalho de arte reflete o mundo de quem o faz. Existe uma relação entre pessoa e espaço físico, espaço social etc. Portanto, o que se passa no contexto ou no entorno no qual o indivíduo se situa tem repercussão no trabalho executado, consciente ou inconscientemente. Neste livro, há vários exemplos que expressam o contexto do entorno e das vivências daqueles que executaram os trabalhos.

Você sente diferenças entre o trabalho que desenvolve com os jovens da periferia e o seu trabalho com os jovens formados pela ECA, FAU, FAAP etc.?

Porém, na hora da criação, eles se igualam.

NK | Os valores são muito diferentes, assim como as expectativas, o imaginário... Porém, na hora da criação, eles se igualam.

Existe uma grande diferença entre uma experiência artística e uma experiência contextual e intelectual com relação à arte. Ambas são necessárias. É importante o conhecimento de obras, assim como é importante saber analisá-las, mas nada subs-

Existe uma grande diferença entre uma experiência artística e uma experiência contextual e intelectual com relação à arte.

tituí a experiência em si. Esperar esse tipo de ligação é confundir toda a natureza da experiência artística; na realidade, de ambas as experiências. É esse o ponto de contato entre os diferentes níveis de alunos com os quais já trabalhei. Por exemplo: existe muita literatura a respeito da experiência de apaixonar-se, mas é difícil imaginar alguém apaixonado tentando aprofundar essa paixão através de livros sobre o assunto.

Aprender a linguagem, a leitura de obras de arte é, por si só, uma experiência altamente válida, e muitas coisas podem ser extraídas desse aprendizado. Mas, de acordo com o exemplo que dei anteriormente, não é possível intensificar o amor pela pessoa por quem se está apaixonado através desse tipo de conhecimento. Penso que a criação de arte e a receptividade a ela não são atividades do intelecto criador de conceitos, nem podem ser ampliadas somente por um maior entendimento intelectual. Os benefícios passam a ser periféricos. Acho que, por isso, o resultado dos trabalhos das crianças, ou seja, da experiência em si, não está ligado ao conhecimento teórico. Não quero dizer, com isso, que não é importante ir a exposições e ler livros e catálogos, mas que se podem produzir excelentes trabalhos sem isso. Esta constatação me fez refletir sobre que tipos de trabalhos são produzidos na periferia relacionados à história da arte.

Mas que se podem produzir excelentes trabalhos sem isso.

Você olha os trabalhos dos jovens da periferia com o mesmo olhar dispensado aos trabalhos do circuito das artes? Que valores você encontra nas obras dos jovens da periferia?

NK | Em primeiro lugar, eu não acho que se deva encarar a educação pela arte desenvolvida na periferia somente como um processo desencadeador ou libertador, como uma terapia ocupacional que vise a ocupar jovens desocupados.

Vejo isto como algo muito mais importante. A minha relação não é somente com o fazer; o produto é igualmente importante. Em meu trabalho com os jovens durante esses projetos na periferia de São Paulo observei, com enorme surpresa, a sofistica-

A minha relação não é somente com o fazer; o produto é igualmente importante.

ção espontânea dos trabalhos quando comparados ao acervo de arte moderna e pós-moderna, apesar da falta de contato formal ou informal desses jovens com essas correntes. Coloco, aqui, a hipótese de que o Modernismo conjuga, entre outros elementos, o Expressionismo e uma volta à Arte Primitiva. Estes elementos aparecem com freqüência nas obras dos jovens e, nas daqueles mais dotados, eles se fazem presentes com alto grau de sofisticação. Portanto, as questões do Modernismo mesclam-se quando analisamos as obras dos jovens.

Observei, com enorme surpresa, a sofisticação espontânea dos trabalhos quando comparados ao acervo de arte moderna e pós-moderna, apesar da falta de contato formal ou informal desses jovens com essas correntes.

Ao elaborar seus trabalhos, os jovens desconhecem a História da Arte, partindo do mesmo ponto onde os modernistas começaram. Concluo daí que, mesmo sem erudição artística, é possível surgirem obras com conteúdo artístico, em contraponto à corrente de críticos que considera esses trabalhos como mera ferramenta terapêutica. Considero que alguns dos trabalhos ultrapassam os limites do processo educativo e terapêutico e podem ser considerados obras de arte.

O que a levou a trabalhar com arte-educação na periferia de São Paulo?

NK | Fui trabalhar na periferia como conseqüência da trajetória de minha vida. Estava à procura de uma experiência com crianças e adolescentes e, por acaso, acabei encontrando a Casa do Zezinho. Foi amor à primeira vista. Encontrei uma equipe dinâmica, idealista e empreendedora. Já no primeiro encontro com Dagmar Garroux – presidente da Casa – e seu companheiro Saulo – responsável pelas atividades culturais –, houve um entendimento mútuo e instantâneo. Após a apresentação de meu projeto inicial e de algumas trocas de idéias, encontrei abertura e disposição rápida à consecução das etapas práticas, quando passamos a discutir a elaboração das oficinas culturais. Devo a toda equipe da Casa – Gilson, Corina, Inaiá e às crianças – o resultado do trabalho que culminou com este livro. Ali concentrei e apliquei a sistematização de minha metodologia, fruto de uma longa trajetória como ser humano, artista e arte-educadora.

Ali concentrei e apliquei a sistematização de minha metodologia, fruto de uma longa trajetória como ser humano, artista e arte-educadora.

E que trajetória é essa?

Aconteceu esse encontro com a Casa do Zezinho, percebi uma faísca: a arte pode operar transformações, deslocamentos.

NK | No final dos anos de 1950 e início dos anos de 1960, eu pertencia a um movimento juvenil sionista-socialista que realizava intensa atividade educativa com crianças e jovens da comunidade judaica da cidade de São Paulo. Fui inicialmente discípula e, posteriormente, monitora. Nossas atividades compreendiam uma iniciação cultural que fugia ao esquema tradicional: éramos *outsiders*. Neste período, tive acesso a um livro que, na época, marcou minha trajetória: falo de *A Educação pela Arte*, de Herbert Read. O livro sugeria uma forma de utopia além daquela projetada nos ideais dos fundadores do kibutz em Israel, e apresentava propostas concretas para a educação na Inglaterra. Eu achei que o modelo proposto no livro seria factível na prática. Com o passar dos anos, os ideais utópicos foram se diluindo mas, quando aconteceu esse encontro com a Casa do Zezinho, percebi uma faísca: a arte pode operar transformações, deslocamentos. Minha visão utópica reacendeu e percebi que tudo o que havia acumulado nos últimos quarenta anos de estudo e atividade profissional como artista, arte-educadora, arte-terapeuta e até como mãe e avó, poderia ser aplicado na periferia de São Paulo. Por coincidência, quando me engajei nesse trabalho, a administração da Casa do Zezinho estava introduzindo as oficinas culturais.

O fato de você ser terapeuta por meio da arte influencia o seu trabalho na periferia?

Onde quem trabalha se torna a própria obra.

NK | O processo artístico é terapêutico porque é no fazer que se descobrem e se entendem as próprias idéias e sentimentos, onde quem trabalha se torna a própria obra. Neste momento, existe a possibilidade de uma transcendência: desencadeiam-se processos, e uma linguagem não verbal é criada. A arte ajuda a conhecer o que não podemos articular. Não é necessário um diagnóstico praticado através do desenho: o próprio fazer é terapêutico.

Você está envolvida com arte-educação. Isto não a distancia do circuito tradicional do artista, aquele relacionado a exposições em museus, galerias e espaços culturais?

NK | Nestes últimos quatro anos de arte-educação estudei, coordenei ateliês livres de criatividade e ainda tive de dar conta de quatro filhos e seis netos. Tudo isto é uma grande experiência de vida. É um saber gratificante e que aprendi a aplicar no trabalho com a periferia. Acho tudo isso mais gratificante do que estar realizando somente exposições em museus e galerias, uma vez que, mesmo nesse período, não deixei de expor: realizei mostras em Colônia, na Alemanha, e no SESC Pompéia, em São Paulo. Porém, na minha idade, o peso e o maior sentido estão mesmo no trabalho que realizo atualmente. Não imaginava que isto pudesse acontecer. É meio lírico...

Não imaginava que isto pudesse acontecer. É meio lírico...

Você vê relação entre o seu trabalho de arte com o seu trabalho na periferia?

Eu acho que o que eu faço na periferia é um trabalho de arte!

NK | Eu acho que o que eu faço na periferia é um trabalho de arte! Mas como diz meu neto Assaf na capa do livro: "para mostrar que uma coisa pode ser muitas coisas", o meu trabalho também pode ser pensado de muitas maneiras...

O meu trabalho também pode ser pensado de muitas maneiras...

Minhas atividades na periferia são uma continuação direta da minha trajetória artística e fazem parte de um conjunto de obras que venho desenvolvendo desde os anos de 1970: Deslocamentos! Toda a energia que eu coloco é a energia de um artista. Existe uma memória à espera de ganhar forma, à espera de ser construída, a qual se pode chamar de memória prospectiva. Este pensamento deu origem a uma série de trabalhos.

Nesse trabalho com a periferia, fui eu quem se deslocou. E isto, para mim, é uma atitude de arte.

Em 1979, eu desloquei uma cadeira de sinagoga numa sala de museu, além de um arado, uma gaiola... Posteriormente, desloquei um escritório para uma praça pública. Na exposição do SESC Pompéia, entre arquivos com gavetas que pretenderam despertar lembranças subjacentes e mesmo aquelas que jamais existiram, desloquei uma atividade típica de um consultório para um espaço público, utilizando-me de uma estratégia terapêutica que faz uso, por sua vez, de mesas de areia, dando oportunidade ao público de participar do trabalho com elas. Nesse trabalho com a periferia, fui eu quem se deslocou. E isto, para mim, é uma atitude de arte.

O trabalho de arte que você realiza é pedagógico ou artístico?

NK | Ambas as coisas: o que é pedagógico pode ser artístico e vice-versa. Ampliam-se os contornos.

É possível ensinar arte?

NK | Depois de ensiná-la por mais de vinte anos, creio que a arte como tal não pode ser ensinada, mas muito pode ser feito no sentido de abrir os olhos e a mente para a forma significativa. O Ateliê de Livre Criatividade – sobre o qual um capítulo deste livro trata – é o lugar ideal, que possibilita, ao artista, agir como facilitador.

O lugar ideal, que possibilita, ao artista, agir como facilitador.

Como se inicia um trabalho de arte?

NK | A atividade de arte é lúdica. Brinca-se, sente-se prazer, experimentam-se diversas possibilidades, entra-se em contato com diferentes materiais e componentes (linha, textura, cor, composições etc.). Eu acho que o exercício da arte é o campo ideal para o treinamento de todo o ser humano. Por meio dela se encontra a criança, o adolescente e o adulto que convivem dentro de nós.

A atividade de arte é lúdica.

O nosso sistema educativo é, em sua quase totalidade, muito condicionador, e isola formas de ser e de pensar, como se elas não fossem móveis e flutuantes. A arte em educação visa a redirecionar o sistema educativo, valorizando formas de ser inatas ao homem.

A arte em educação visa a redirecionar o sistema educativo, valorizando formas de ser inatas ao homem.

Qualquer tema pode ser trabalhado com igual eficácia?

NK | Pode. Porém há temas mais eficazes, que são aqueles que nos lêem, que têm a ver conosco, mesmo que não saibamos como e nem por quê. O auto-retrato, por exemplo, abarca tudo o que somos, fomos, gostaríamos de ser etc.

Você acha que o acidental é importante no trabalho de arte?

De início, a descoberta do "acidente feliz" surpreende [...] procuro induzir o seu aparecimento.

NK | Acho que o acaso, chamado por Erhenzweig de "acidente feliz", é um aspecto importante e rico a ser considerado. De início, a descoberta do "acidente feliz" surpreende. Muitas vezes, sinto que procuro induzir o seu aparecimento e aí, sim, penso nas possibilidades de usar o que ele pode me oferecer, mas nunca sei até que ponto aquilo que eu faço resulta do acaso ou de uma metodologia intuitiva. E isto vale também para o meu trabalho pessoal como artista. Quando me condiciono a trabalhar com o acaso, fico mais atenta a ele, tentando perceber o que ele me propõe. Freqüentemente, sinto que um bom resultado foi conseqüência de um acaso sobre o qual pude trabalhar. Esta situação pode acontecer tanto em meu processo criativo como nos processos vivenciados pelos meus alunos, ao acompanhar os seus trabalhos.

Você acha que, para desencadear processos criativos, é necessária uma metodologia?

NK | Muito já se escreveu sobre os processos criativos, sobre os bastidores da criação, envolvendo seus aspectos sociais, políticos, econômicos etc. E também muito já se escreveu sobre os ingredientes do processo criativo. Cada pessoa tem o seu processo peculiar de criação e, sobre isto, existe uma vasta literatura.

Vou falar sobre uma das formas de se desencadearem processos criativos, justamente por ter sentido que esta forma se mostrou de fácil acesso aos jovens, tendo sido, por isto, a mais utilizada por mim. Relatarei um pouco do que aconteceu nos processos de criação vividos no Ateliê de Livre Criatividade.

Sabe-se que uma das formas de se entrar em contato com conteúdos internos próprios é através de estímulos vindos de fora. Por exemplo: uma certa imagem ou reprodução age de forma significativa para um dos participantes, e desperta nele algo interno que o leva a desencadear um trabalho e mais um e mais um... Uma seqüência de trabalhos, uma pequena trajetória. Através do externo (reprodução) entra-se em contato com o interno.

Entre uma variedade de imagens, o jovem se identifica com uma delas e desencadeia um processo criativo que resulta num trabalho pessoal.

As reproduções de diferentes artistas expostas aos alunos representam diferentes períodos da História da Arte. No entanto, esse contato com as obras não tem a intenção apenas de ensinar aos alunos História da Arte. Entre uma variedade de imagens, o jovem se identifica com uma delas e desencadeia um processo criativo que resulta num trabalho pessoal. Daí a origem de produtos diferentes para cada um dos participantes, pois cada um é tocado por uma imagem diferente. A este processo utilizo a expressão "educar pela diferença".

Apesar de trabalharem concomitantemente vinte alunos no Ateliê de Livre Criatividade, cada qual apresenta uma trajetória de cunho pessoal devido à oportunidade que lhe é oferecida de encontrar algum símbolo que desencadeie seu processo criativo.

Em que medida as crianças se reconhecem nos trabalhos que realizam?

Pois no momento em que terminamos o trabalho, já somos expectadores dele.

NK | A meta a ser alcançada não é o auto-reconhecimento, mas sim a retirada de obstáculos internos, bloqueios, de modo a permitir o livre fluxo do desejo. Emerge uma vontade de fazer que frutifica, traz prazer, e que faz surgir uma vontade de desenvolvimento. É o que pretendo atingir.

Qual o caminho? Cada um segue o seu. A pergunta que você me faz – se as crianças se reconhecem nos trabalhos que realizam – é quase impossível de responder porque, em geral, não nos reconhecemos de imediato nos nossos trabalhos, pois no momento em que terminamos o trabalho, já somos expectadores dele, e não mais

No processo criativo, a vivência do ato de criar já é um deslocamento.

seus criadores. Por esta razão acho que, no momento em que fazemos a obra, nós somos a própria obra, e devemos aproveitar o instante da vivência do ato de fazer para sentir mais intensamente a vida. No processo criativo, a vivência do ato de criar já é um deslocamento.

Como foi, para você, a elaboração deste livro?

Este livro é decorrência de um longo processo.

NK | Este livro é decorrência de um longo processo: o ir até a periferia, conhecer as instituições e os seus jovens, introduzir as oficinas, preparar os monitores, planejar os trabalhos a serem realizados e coletar sua documentação espontânea. Quando eu estava com todo esse material em mãos, dei-me conta de que ele poderia ser um material útil. Enviei daí um projeto à Fundação Vitae, que consistia em preparar um material didático de apoio aos monitores que servisse como um agente multiplicador a outras instituições, elaborado com base nos exemplos das duas instituições com as quais havia trabalhado. Uma das atividades decorrentes da coleta desse material foi o Seminário de Arte-Educação, ao lado da elaboração deste livro.

Mas eu quero saber como foi escrever este livro?

Um trabalho dentro da diversidade.

NK | Foi uma aventura que incluiu o relato de experiências e sua reflexão, o desencadeamento de processos criativos e sua trajetória: um trabalho dentro da diversidade. Mas você sabe que a palavra não é meu forte. Tenho um pouco de medo de escrever, de esmagar com o excesso de palavras as entrelinhas, como diria Clarice Lispector.

E essa curiosa disposição gráfica das páginas? Como foi elaborada?

NK | Eu tinha um material bastante diversificado, porque trabalhei as diferenças dos jovens. A melhor forma de transmitir ao leitor esse caráter heterogêneo dos resulta-

Talmude contém o trecho da Torá (Pentateuco) circundado pelos comentários dos exegetas.

dos do meu trabalho foi tomar como modelo a página do Talmude. Quem conhece sabe que cada página do Talmude contém o trecho da Torá (Pentateuco) circundado pelos comentários dos exegetas religiosos judeus, mas, como esses comentários não foram escritos de uma só vez, cada nova interpretação acrescentada difere daquela que já constava na página. Resulta daí um verdadeiro cipoal de opiniões sobre um mesmo assunto. No livro *Deslocamentos*, em uma mesma página é possível ver uma entrevista, citações, depoimentos dos monitores e dos jovens, reproduções dos trabalhos, roteiros explicativos dos trabalhos etc.

Como você vê a continuidade deste trabalho?

Como uma obra de arte quando sai do ateliê para o mundo – escapa do controle de quem a executou e adquire vida própria.

NK | Com entusiasmo. Como uma obra de arte quando sai do ateliê para o mundo – escapa do controle de quem a executou e adquire vida própria. Eu já estou tendo um retorno: alguns dos meus alunos do Ateliê de Livre Criatividade já oferecem assistência em educação pela arte.

A seu ver a violência é um foco relevante no trabalho desenvolvido na periferia?

NK | A meu ver, a violência é um tema muito atraente e que poderia produzir excelentes trabalhos. Mas como muito já se escreveu e muitos artistas já se pronunciaram sobre a questão da violência, ao ponto da banalização, penso que, com esse trabalho, foi possível dar um passo à frente da questão violência x cultura. Não mais a denúncia, mas a realização de um projeto ligado ao eu e ao outro e que tenta responder a perguntas, tais como: "Aonde anda o amor, a fraternidade e a confiança?".

Você apresenta a si própria de forma direta e honesta. A descrição do seu esforço para usar e integrar suas experiências e conhecimentos, para mesclar a sua vivência como artista, arte-terapeuta, com a prática de arte-educadora, são exemplos de uma boa escuta de si própria e do esforço em reverter tudo num método capaz de contribuir para a arte-educação. Espero que este livro, além dos deslocamentos mencionados, consiga deslocar algo no leitor.

BERTA WALDMAN é doutora em literatura brasileira pela Unicamp e titular em literatura judaica pela USP.

01 Poéticas do Processo

1.1 Casa do Zezinho

1.2 Resgate Pelo Retrato

1.3 Ateliê de Livre Criatividade

1.1 Casa do Zezinho

A Casa do Zezinho é uma entidade não governamental localizada no Parque Santo Antônio, zona Sul da cidade de São Paulo. Fundada em 6 de março de 1994, com uma área construída de 2.300 m^2, atende 520 crianças e adolescentes entre seis e dezoito anos.

Em 1993, quando resolvi construir a Casa do Zezinho, já trazia 21 anos de periferia no coração. Foi uma luta brava e um longo aprendizado.

Comecei esse trabalho atendendo crianças na Favela do Fedô, Parque Arariba, zona Sul de São Paulo, ao redor da minha casa, onde morava com meu marido e filhos.

Sou uma dessas brasileiras que nunca se conformou com a exclusão. Vinda de uma família de educadores e formada em pedagogia, arregacei as mangas e não parei mais até hoje. Por que permaneci nesta luta? Porque defendo o direito de sonhar que a criança tem, o direito que ela tem de escolher seu destino, pertença ela a que classe for.

Na página anterior: a Casa do Zezinho.
Abaixo: exposição "Nossa História Contada por Imagens", inauguração da Casa do Zezinho.

O que a gente tem visto hoje em dia é que muitas famílias vêem o filho como mão-de-obra, já nasce com esse carimbo, seja pobre ou seja rico (lógico que para os pobres isto é ainda mais explícito). Se é pobre vai fazer cursos de profissionalização, se é rico vai fazer inglês, francês, alemão, computação, tênis, futebol, tudo porque os pais já projetam o futuro do filho. Alguém se lembrou de perguntar para a criança o futuro que ela quer? E assim nega-se a ela um futuro com autonomia de escolha.

E as crianças da periferia? Por que elas têm que ser programadas para o trabalho árido, sem sonhos, sem prazer, sem lazer? Por que o modelo que é válido para a criança

da periferia é o do curso profissionalizante? E a arte, a cultura, a brincadeira? A criança já não brinca mais, ela pula essa etapa.

Por que pular etapas? O que é que isso traz de bom para a criança? Por que ela não pode ser moleque e esperar para ser adulta quando adulta ela for?

A criança tem que crescer feliz, sem pular etapas, porque quem cresce feliz vai saber escolher seu futuro. E sabendo, e podendo escolher o próprio futuro, já é meio caminho andado para que ela seja bem-sucedida na vida, seja lá o que for que ela tiver escolhido para si mesma. A escolha foi dela, consciente.

DAGMAR GARROUX
Presidente da Casa do Zezinho

Na página anterior: a bateria feminina da Casa do Zezinho.
Abaixo: um concerto na Casa do Zezinho.

1.2 Resgate pelo Retrato

O auto-retrato é o espelho do indivíduo. Nele se espelha e se reflete sua imagem e a imagem de seu mundo, de sua época, de seus valores.

N. K.

Auto-retrato foi o tema eleito pela Casa do Zezinho como estratégia de trabalho a ser desenvolvida no decorrer do ano de 2000, com trezentas e oitenta crianças e adolescentes de baixa renda, do Parque Santo Antônio.

Através de recursos como o parar, o olhar, o sentir, o auto-retrato proporciona questionamentos do tipo "Quem sou eu? Como eu sou? Como me pareço? Como sinto? Quais são os meus pensamentos? Como eu gostaria de parecer? Com quem eu gostaria de ser parecido?", que auxiliam a criança e o adolescente a construir sua identidade em relação a si própria e à escola, ao bairro, à cidade, ao mundo, e simultaneamente, com relação aos seus aspectos emocionais (conflitos e paixões, alegrias e tristezas, auto-imagem, auto-estima etc). Este tema foi escolhido pelo fato de o acharmos adequado a todas as idades e a todas as crianças, tendo sido desenvolvido de três formas: individual, por grupo etário e coletivo, com a participação de todos os membros da Casa.

As reproduções presentes no livro são apontamentos extraídos de um processo rico, complexo, dinâmico e... maravilhoso! Partindo do princípio de que "não há expressão sem conteúdo", ainda há muito a aprender e a observar com base nos resultados obtidos pelas crianças nessas oficinas, aprendizado este que certamente orientará projetos futuros.

Na página anterior: exposição no metrô Vila Madalena em 2000.

Os trabalhos foram expostos em vários locais públicos, como as estações Tatuapé, Santana e Vila Madalena do Metrô, e cada espaço físico exigiu uma montagem. A natureza do espaço que a estação Vila Madalena ofereceu, por exemplo, determinou

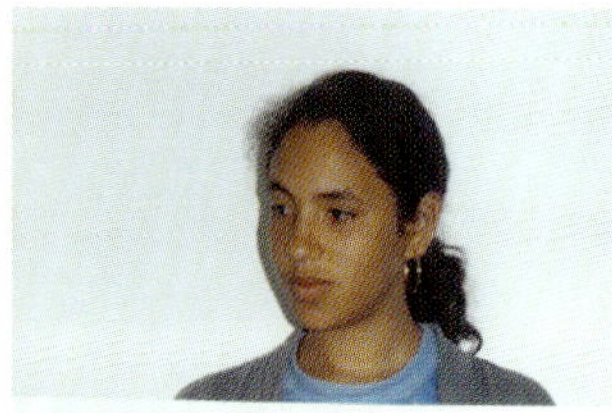

OGUM

KELY

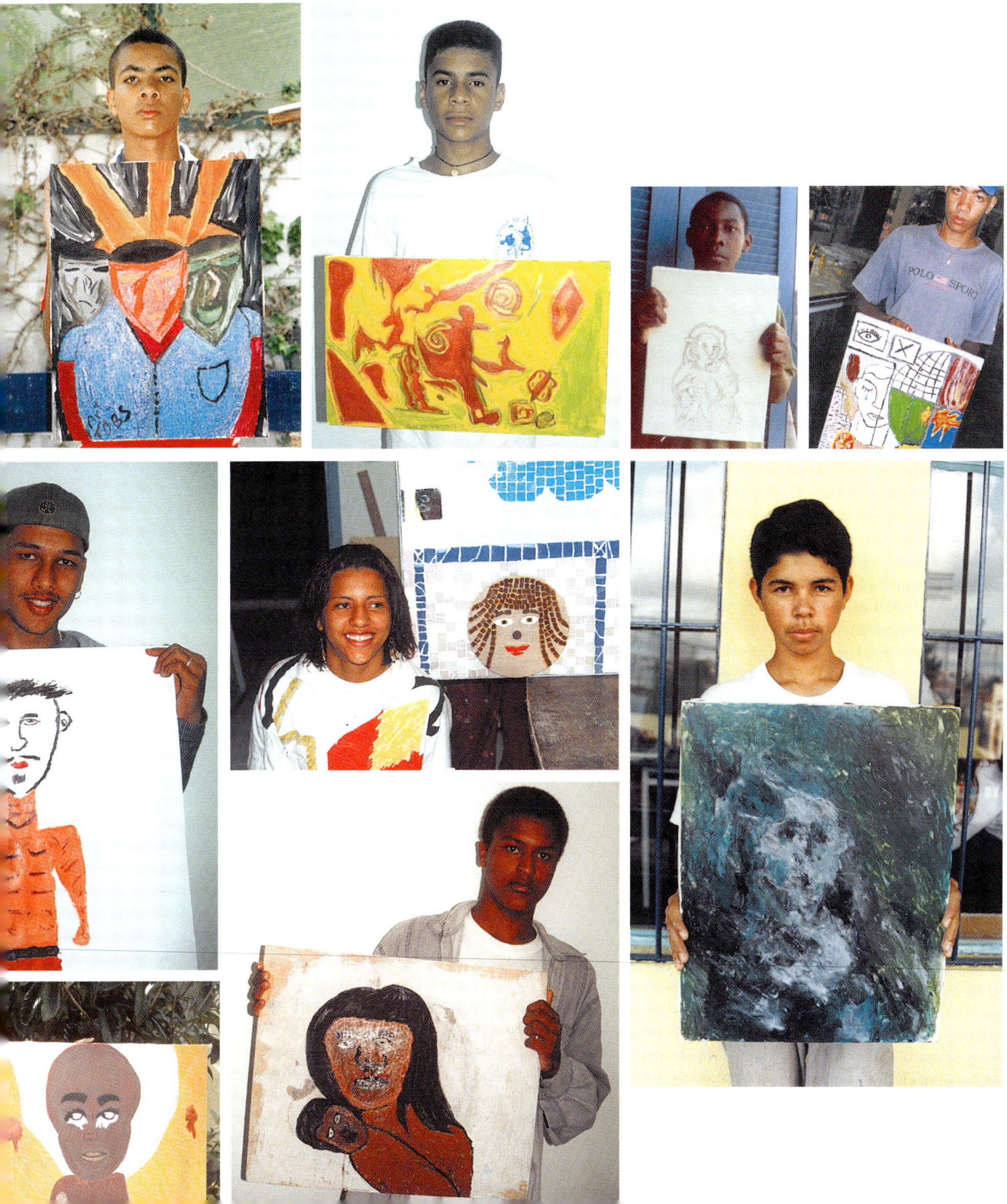

Quem sou?
Como sinto?
Como me pareço?

Casa do Zezinho
Estratégia
crianças
adolescentes
periferia
identidade
Quem sou?
Como sou?
Arte
Educação

por que o metrô? por que expor em espaços públicos?

A arte no metrô quebra o ritmo automático dos deslocamentos na cidade, chama a atenção, provoca estranhamento, convoca a uma pausa, desarma prevenções, facilita a aproximação, embeleza e humaniza. Arte no metrô – aproximação intercultural.

N. K.

Na página anterior: exposição no metrô Vila Madalena em 2000.

a escolha do *mobile* como forma de apresentação dos trabalhos das crianças. Ao mesmo tempo, essa forma se mostrou conveniente porque o agrupamento de objetos no ar não somente desestabiliza o papel tradicional da escultura como objeto sólido e terrestre, mas permite também uma multiplicidade de leituras. A natureza dessa relação pretendeu um impacto, uma confrontação: a harmonia precária pode desfazer-se a cada instante; o equilíbrio alude ao fio da navalha e remete o observador ao cotidiano daquele cidadão que pertence à comunidade na qual se insere a Casa do Zezinho.

A decisão de retirar os trabalhos da Casa do Zezinho e lançá-los em espaços públicos foi de grande importância para o processo pedagógico em questão. Um dos aspectos enfatizados por esse comportamento foi o social, uma vez que o metrô é a passarela de várias camadas sociais, um exemplo vivo do encontro de formas, gostos, maneiras, raças e tipos diferentes, que se unem democraticamente no direito de ir e vir. O metrô une o homem à cidade e a cidade à população. Além desse aspecto, a exposição dos trabalhos promove o ampliamento de visões e idéias surgidas a partir das relações estabelecidas entre espaço-obra-espectador, que são sempre novas e, por isso, devem ser observadas atentamente. Finalmente, o autor, ao ver o seu trabalho fazendo parte de um conjunto, desperta para uma consciência de grupo-comunidade.

Os espaços públicos foram escolhidos também para as diferentes exposições do então denominado Resgate pelo Retrato, por proporcionarem o religamento do indivíduo à sua cidadania, expressando uma política cultural de integração, de compartilhamento de experiências e idéias que podem ser somadas e absorvidas pelo olhar cotidiano, sem o caráter crítico sugerido, muitas vezes, pelo espaço fechado.

A mudança do título da exposição de "Auto-retrato" para "Resgate pelo Retrato" surgiu quando os trabalhos foram analisados pelos alunos juntamente com os professores. A respeito desse processo existem depoimentos de alguns alunos, gravados inclusive pela TV Globo, e apresentados no Jornal Nacional quando da abertura da exposição na estação Vila Madalena do Metrô de São Paulo.

XEROX

Quando a imagem refletida no espelho passa a refletir o estado d'alma?

Mas o que Vem a Ser "Auto-retrato"?

Quando você desenha a si próprio, está fazendo o seu auto-retrato, e este ato costuma despertar diversos questionamentos: será que sua imagem refletida no espelho é vista por você da mesma forma que os outros o vêem? Talvez você não possa ver a realidade ao olhar para o espelho; talvez você veja somente o que quer ver. Será que a imagem refletida no espelho não traz, por trás dessa face, um outro eu? O seu eu mais verdadeiro?

O seu rosto não põe a descoberto toda a sua personalidade: dentro de você estão escondidas as suas vontades, os seus pensamentos, os seus medos, as suas dores... Há em você maldade e doçura, beleza e feiúra, sentimentos que você gostaria de esconder e sentimentos que gostaria de mostrar. Ao desenhar a si próprio, pelo que optaria? Por desenhar só as coisas bonitas, ou só as feias, ou ambas? Quando a imagem refletida no espelho passa a refletir o seu estado d'alma?

Esses são alguns dos questionamentos surgidos durante o processo de criação dos trabalhos. Além desses questionamentos e de muitos outros, vários suportes e técnicas foram utilizadas para o desenvolvimento dos trabalhos.

Apesar de, neste capítulo, as obras das crianças terem sido agrupadas de acordo com as técnicas usadas, é importante enfatizar que não lhes foi dada tanta importância quando da realização desses trabalhos, importando muito mais os conteúdos emocionais e simbólicos neles expressos.

A técnica aparece apenas como um suporte a esse tipo de atividade. Mesmo a leitura e a apresentação de artistas contemporâneos aos alunos foi feita a partir da semelhança percebida entre os trabalhos dos jovens e os do artista a ser estudado, e não partindo do artista conhecido para chegar ao aluno, mas o aluno chega ao artista por meio de seu trabalho.

Diferentes Formas de se Auto-retratar

Rostos no espelho: o artista tenta descrever fielmente o seu rosto, como se vê no espelho.

Descoberta de si mesmo: o artista quer se pôr a descoberto, não se contenta com o acesso externo, mas é exigido dele dar uma expressão aos seus estados d´alma, na sua sensibilidade.

Outros rostos: outra forma de apresentar-se, escondendo-se atrás da forma de outras coisas: as metáforas, os símbolos etc.

O entorno como um auto-retrato: ou seja, a auto-expressão através de símbolos do seu ambiente.

O que meu corpo contém: trabalhos tridimensionais, exemplos: o corpo contém tesouros, doenças, mistérios, medos e angústias etc.

Depoimentos – Corpos Vazados

Sobre os corpos vazados, uma coisa muito interessante foi justamente um dos exercícios, onde as crianças conseguiram trabalhar de uma forma melhor e intensa os seus conteúdos internos. Lançada a pergunta "o que o meu corpo contém?", as crianças, cada uma, começaram a falar sobre questões internas, segredos, mistérios, tesouros; outros falavam em doença, os órgãos eram doentes... Houve uma dinâmica muito rica e saíram trabalhos muito interessantes. Um menino que queria ser um *expert* em computação, achou uns restos de computador e pôs no trabalho; um outro achava que havia muita sujeira no corpo e colocou coisas sujas. Enfim, foi um trabalho que teve um resultado estético muito bonito. Ele veio após os recortes de madeira, nós resolvemos fazer uma coisa semelhante ao que havia sido feito nos recortes de madeira, mas agora de forma tridimensional. Então, fizemos uns corpos transparentes de plástico, aproveitando a oficina de costura que existe na *Casa do*

Zezinho, que costurou esses desenhos dos corpos, e cada um preencheu com as coisas que queria. Esses trabalhos foram expostos na avenida Paulista, no Conjunto Nacional, como parte de todo o capítulo do *Resgate pelo Retrato*. Como eles eram realmente muito bonitos, muito estéticos, houve pessoas que encomendaram alguns daqueles objetos-bonecos. Logicamente, aí surge uma questão: esse era um trabalho que tinha toda uma intenção educativa e passou de repente a ser um objeto de decoração, e, conseqüentemente, uma mercadoria. Então, como é que a gente se defronta com essa questão? Que é uma questão válida na arte. Foi interessante que isso tivesse acontecido na prática, pois levantou toda uma questão sobre a arte, arte como mercadoria, questão desse século e como era antes, enfim... Então, o que eu quero dizer, é que de uma intenção educativa, fizemos produtos comercializáveis, e em troca estudamos conceitos importantes.

Logicamente, esse trabalho que se tornou uma mercadoria e um trabalho decorativo, perdeu aquele sentido inicial que era um conteúdo de expressão, aos meus olhos perdeu aquele conteúdo de expressão, aí adquiriu outros...

Auto-retratos Trabalhados em Diferentes Técnicas

Para um melhor entendimento, a apresentação foi feita segundo determinadas técnicas. Mas deve ser ressaltado que o espaço era organizado de forma a permitir que diferentes alunos usassem diferentes técnicas no mesmo espaço e ao mesmo tempo, propiciando trabalhar a *diferença*.

Parar,
olhar.
sentir,
questionar.

Como sou?
Como me pareço?
Como gostaria de
me parecer?

Quais são os
meus sonhos?
Quais são os meus
pensamentos?
Quais são os
meus medos?

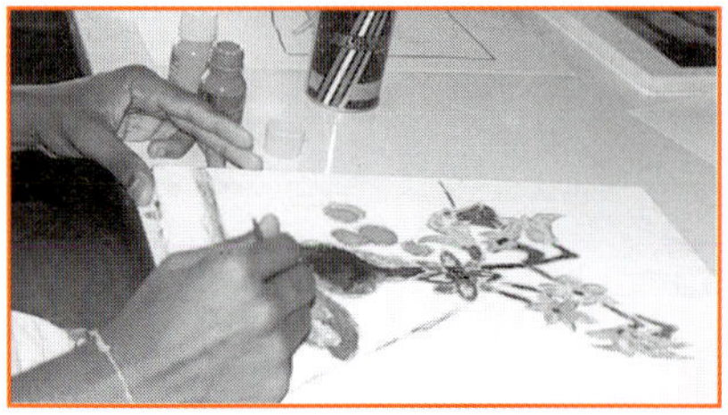

Pintura

Paulo Lemos da Silva

250ml

conflitos,
paixões,
alegrias,
tristezas

interpretar,
expressar

Ao lado: Começando a trabalhar...
e o trabalho já pronto na parede
da Casa do Zezinho.

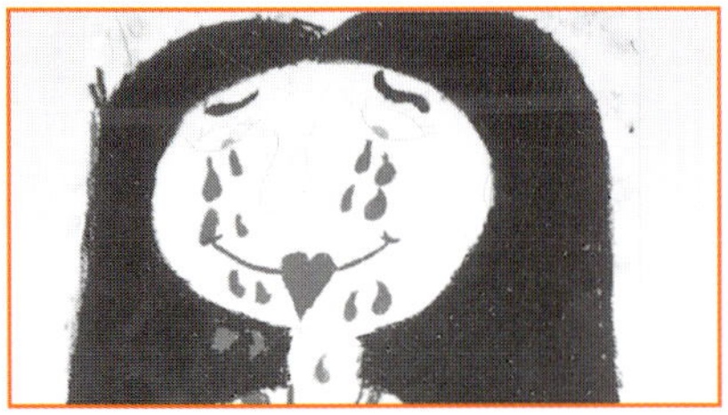

Pastel

Parecia mágica: o giz pastel virava tinta! E com ele podíamos criar cores e texturas que jamais havíamos imaginado. Um aprendendo com a experiência do outro. Descobrimos o quanto éramos capazes de nos transformar.

Jerusa Messina, educadora da Casa do Zezinho

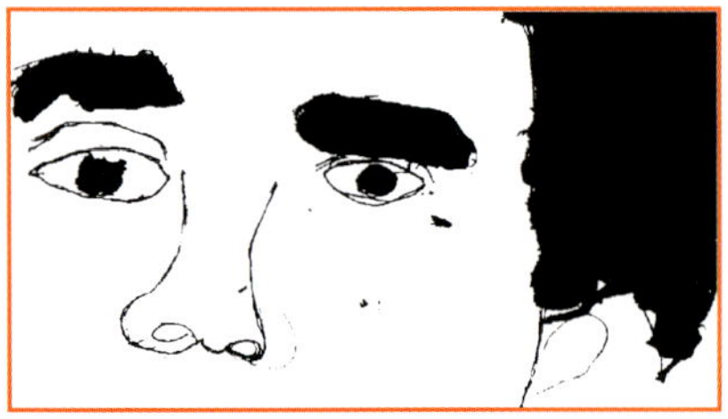

Desenhos

O desenho como meio de expressão
que canaliza as energias de forças
invisíveis. A mão e a mente devem
estar em sintonia com as forças
que estão sendo expressas.

Joseph Beuys

Ampliação dos Desenhos

A imaginação é sempre um processo experimental, seja com conceitos lógicos ou com a matéria-prima da arte[1].

Jacob Bronowski

Fotocópias

A capacidade de traçar imagens que representem o que está ausente e de usá-las para experimentar situações imaginárias dá ao homem uma liberdade que nenhum animal tem.

N. K.

[...] o dom de recriar para si, de forma inovadora, as imagens que as outras pessoas nos apresentam, é o que fundamenta a arte[2].

Jacob Bronowski

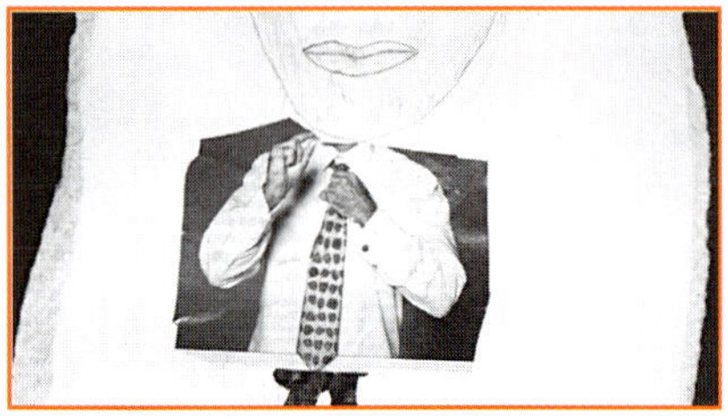

Recorte e Colagem

Toda arte é metafórica: ela torna distintas partes da nossa experiência e nos obriga a vê-las em conjunto. E desse modo a obra de arte faz com que cada experiência seja vista de modo diferente, inovador[3].

Jacob Bronowski

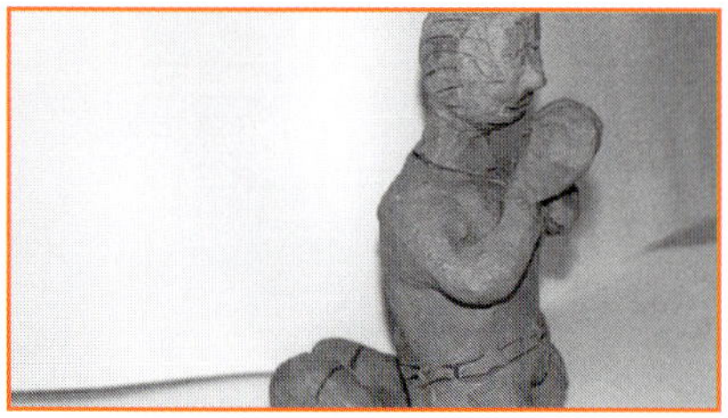

Argila

Trabalhar com argila exige tempo, paciência e curiosidade, para todas as idades.
A maior qualidade desse material certamente é a maleabilidade. Ou seja, a sua capacidade de responder ao gesto, à temperatura do corpo, à força que lhe é imprimida...
Para a criança, especialmente, creio que o manuseio do barro possibilita (gera) experiências: invenção e/ou concretização de seus imaginários; perguntas e respostas não-verbais; espelhos...
Em poucas palavras, capacitação, auto-estima, criatividade, alegria, realização.

Suiá Ferlauto, educadora da Casa do Zezinho

Minha experiência na Casa do Zezinho foi única e talvez um pouco isolada. Pude observar, na predileção da educação pela arte, resultados surpreendentes. Ao progredir do conhecimento das propriedades do material à construção de grandes bonecos de argila, pude constatar que muitas referências pessoais presentificaram-se através dos trabalhos. Acompanhar essas crianças e adolescentes na oficina de cerâmica por seis meses revelou-me muitos aspectos a respeito de sua grande capacidade criativa e da sua necessidade de concretizá-la de alguma maneira. Acima de tudo, revelou-se para mim o poder quase invisível de transformação contido na arte.

Suiá Ferlauto, educadora
da Casa do Zezinho

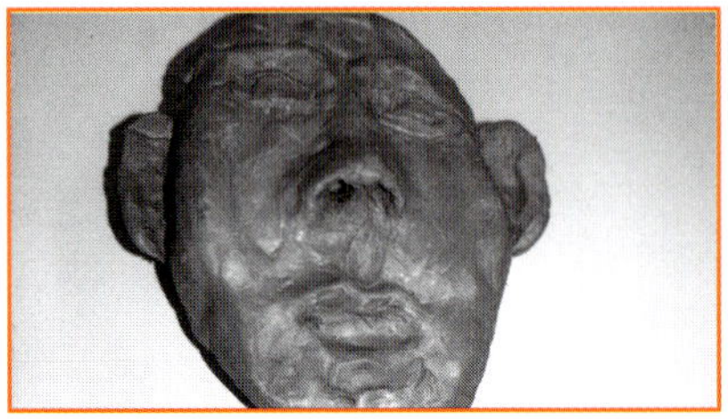

Máscaras de Gesso

Senti uma sensação agradável e desagradável ao mesmo tempo enquanto o gesso endurecia no meu rosto.

Fernando, aluno da Casa do Zezinho

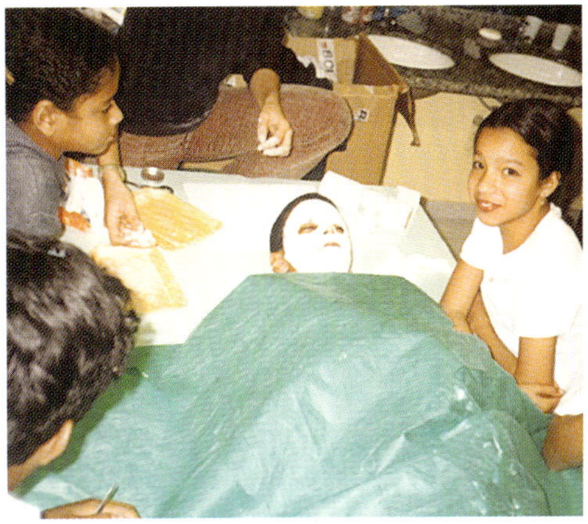

Quando, criança, vi pela primeira vez o gesso endurecer, tive um choque e entrei em meditação. Não conseguia afastar-me do espetáculo[4].

Henri Michaux

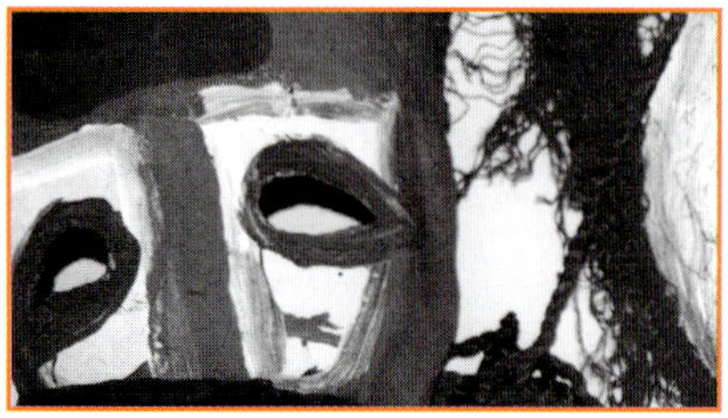

Máscaras de Papel Maché

Sobre a máscara de gesso colocamos papel machê e construímos as máscaras com as quais desenvolvemos uma peça de teatro.

Damiane, aluna da Casa do Zezinho

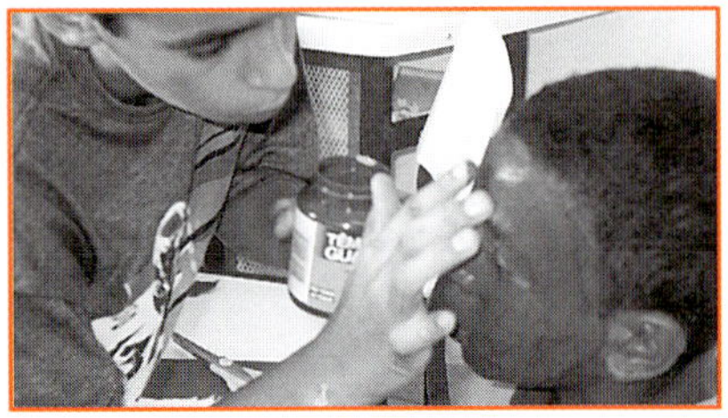

Da Confecção das Máscaras até a Peça de Teatro

A interpretação de um trabalho não implica o certo ou o errado, mas poder ser julgado por inúmeros critérios. Interpretar implica visão de mundo; por isso, interpretações podem ser contraditórias.

N. K.

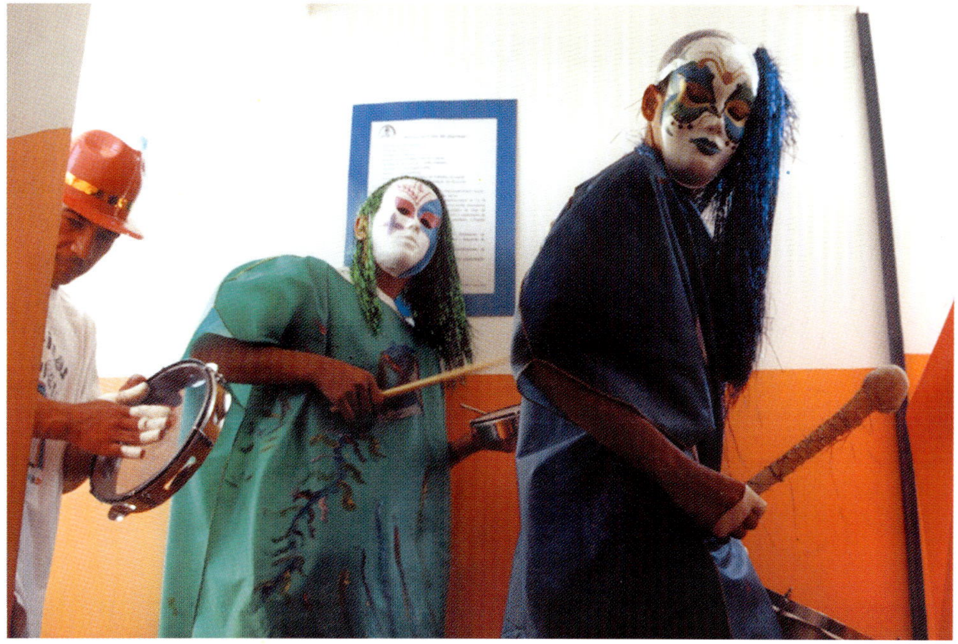

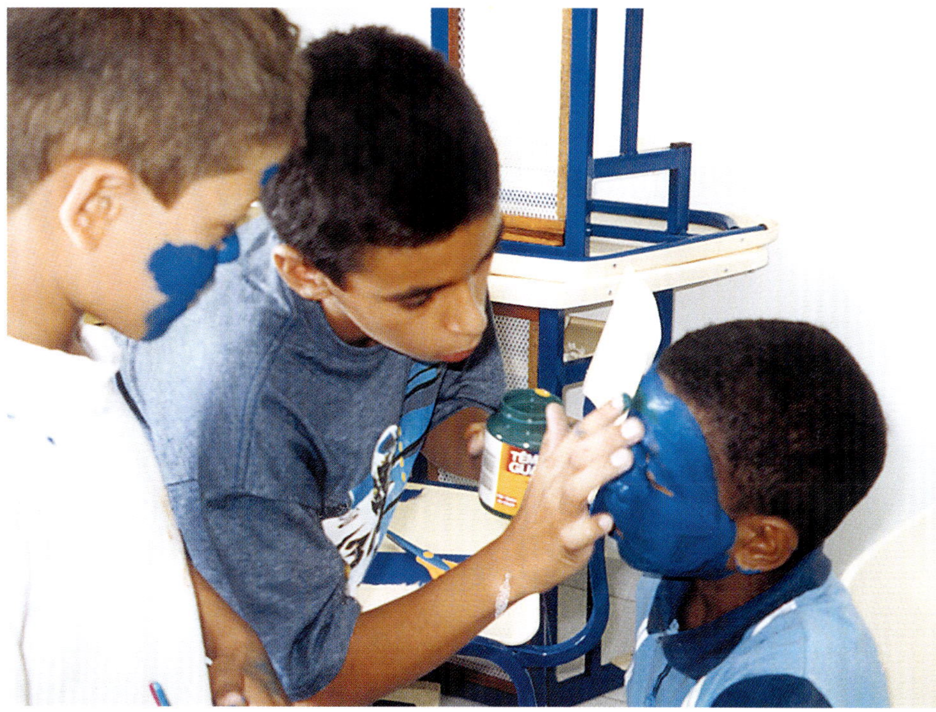

Mosaico

Me contaram que na Idade Média a técnica do mosaico era muito usada. Achei engraçado que nós estávamos fazendo algo que já era feito na Idade Média.

Agenor, aluno da Casa do Zezinho

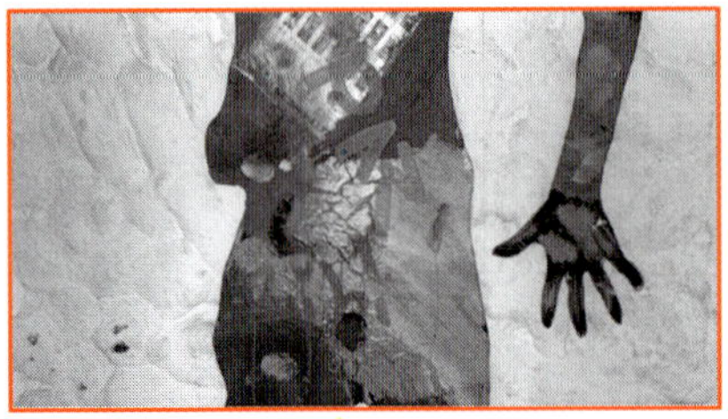

Recortes de Madeira

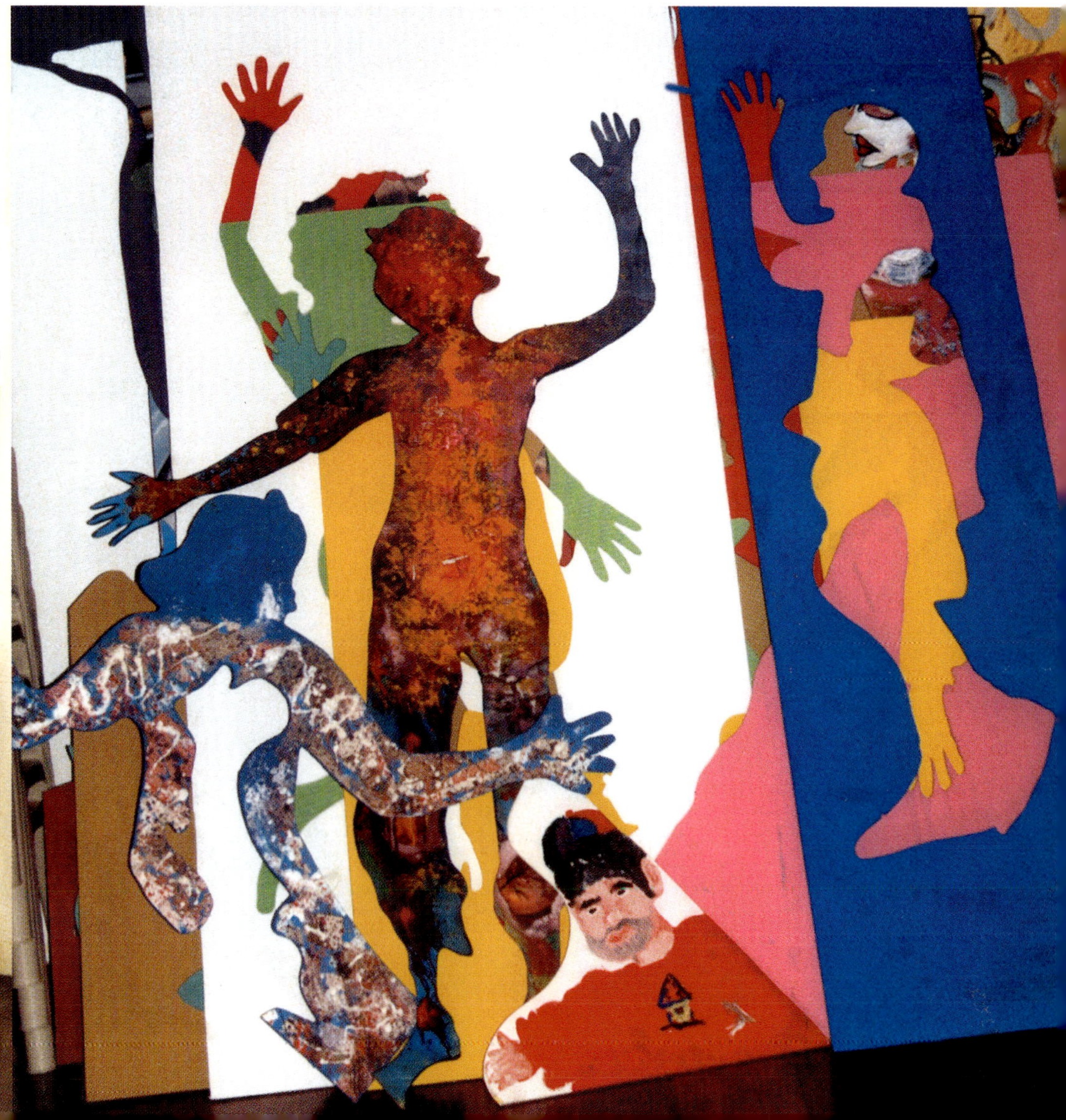

Porque a imaginação não se limita às explosões da fantasia, ela é sempre a manipulação mental do que está ausente dos sentidos, mediante o uso de imagens, palavras ou outros símbolos[5].

Jacob Bronowski

Os meus livros *Do Espiritual na Arte* e *O Cavaleiro Azul* tinham por objetivo principal despertar as faculdades de viver o espiritual nas coisas materiais e abstratas que nos permitem viver experiências infinitas e necessárias para o futuro. O desejo de despertar esta faculdade geradora de alegria nas pessoas que ainda não a tinham era o objetivo das duas publicações[6].

Wassily Kandinsky

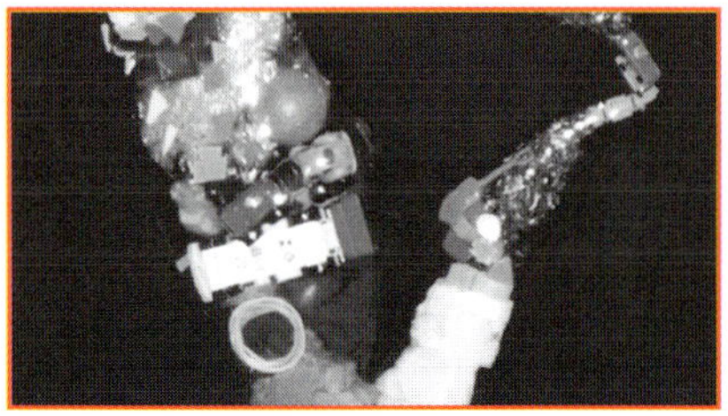

Corpos Vazados

O *corpo* é o nosso denominador comum, é o palco dos nossos prazeres e tristezas. Quero exprimir através dele aquilo que somos[7].

Kiki Smith

O que meu corpo contém:
Mistérios
Sonhos
Medos
Doenças
Ritmo
Água.

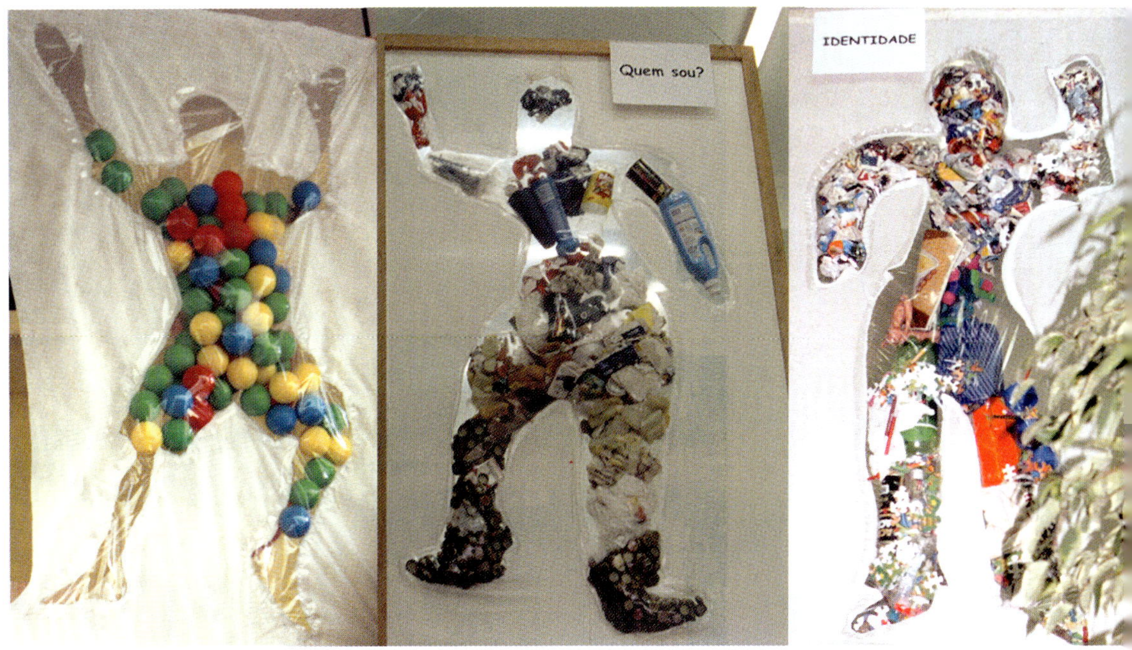

DIREITO A
UMA IDENTIDADE
DIREITO A
CULTURA
XEROX

As montagens das exposições nas estações Vila Madalena, Tatuapé e Santana eram feitas à noite, após o término do funcionamento do metrô. Esses encontros noturnos no metrô vazio era uma tarefa complicada: pôr na prática a exposição que havíamos concebido e planejado ainda na Casa do Zezinho.

Aquelas noites de montagem são inesquecíveis para mim. Noite, metrô, escuro, um ou dois monitores mais velhos, eu e o Gílson, afobado, com uma capacidade inata para dominar e harmonizar qualquer espaço, e o grupo de jovens ficávamos até as quatro ou cinco da manhã. Só terminávamos a montagem quando atingíamos o estágio em que todos concordávamos que o trabalho tinha ficado não somente bom, mas ótimo...

E na manhã seguinte, com a presença festiva das crianças vindas do Jardim Ângela – zona Sul, periferia – até o metrô aconteciam as aberturas dessas exposições. Mais um deslocamento, que trazia no seu bojo a sensação, por parte das crianças, de que a exposição, que lhes pertencia, era apreciada, comentada e valorizada pelos passantes – surpresos e espantados pela qualidade das obras e da montagem.

Na página anterior:
Conjunto Nacional, 2003, no alto à esquerda.
metrô Vila Madalena, 2000, no alto à direita.
Sesc Itaquera, 2001, abaixo à esquerda.
metrô Tatuapé, 2000, abaixo à direita.

Ao lado: metrô Vila Madalena.

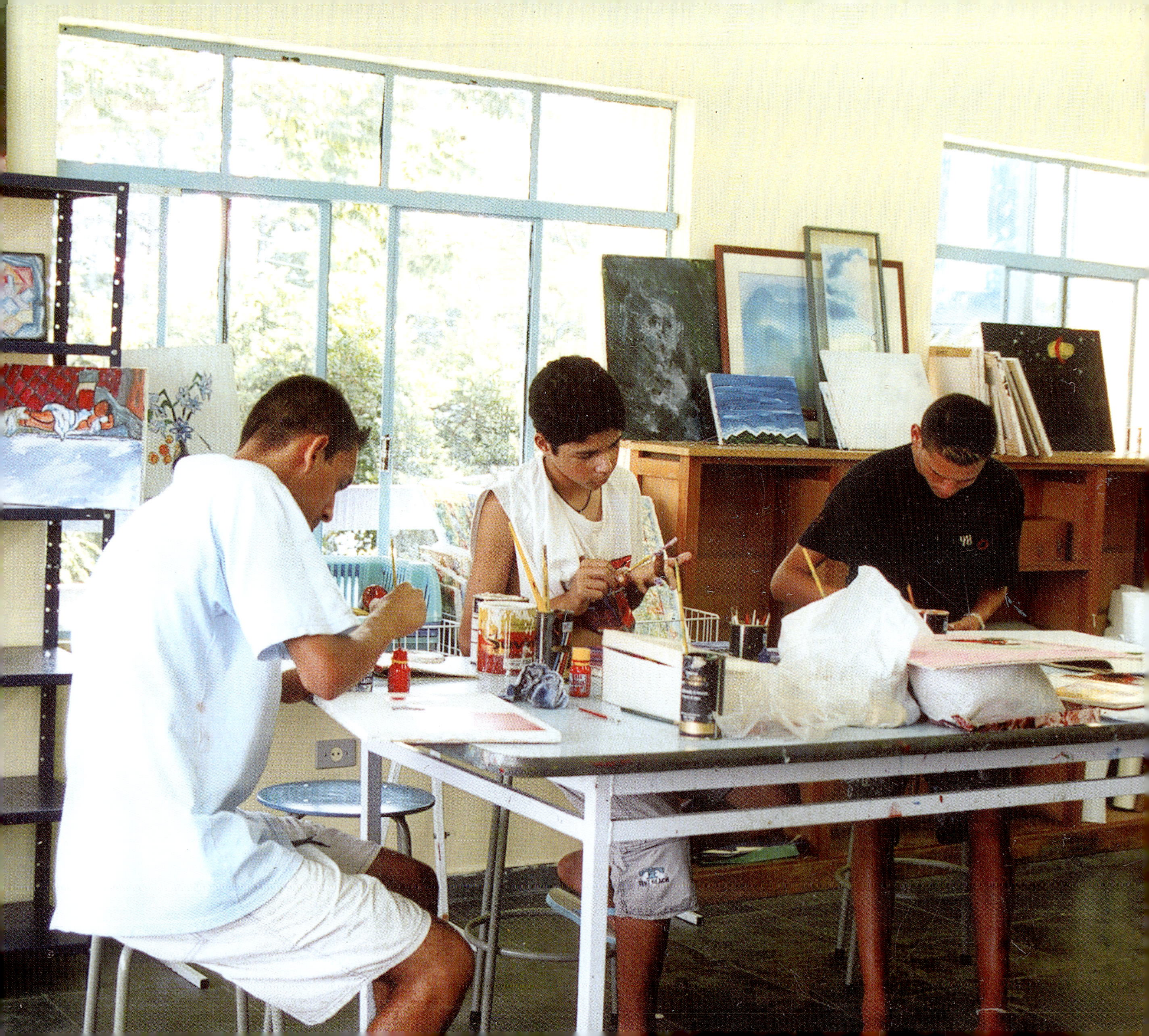

1.3 Ateliê de Livre Criatividade

Somos os propositores: somos o molde: a vocês cabe o sopro, no interior deste molde: o sentido de nossa existência.

Lygia Clark

O elemento da arte é a ilusão; os instintos são mais fundamentais que o conhecimento.

N. K.

Emerson, Lucas, Micherlan, Damiane, Thomas, Agenor, Anderson, Alcesarino, Vanderli, Fernanda são jovens entre treze e dezessete anos que, nas manhãs de sábado, freqüentam o Ateliê de Livre Criatividade da Casa do Zezinho.

O Ateliê de Livre Criatividade nasceu de um desejo de aprofundar a experiência das Oficinas Culturais da Casa do Zezinho, manifestado por alguns alunos delas participantes. O aproveitamento obtido por meio das oficinas serviu de base para criar e nortear as atividades de um espaço ao qual demos o nome de Ateliê de Livre Criatividade.

Penso que hoje em dia todas as escolas e instituições de educação não formal deveriam reservar um espaço para as atividades artísticas, mais especificamente, para as artes plásticas. O projeto do Ateliê foi elaborado com base nas experiências e constatações de que os processos do "aprender e fazer" e do "aprender e conhecer" – desenvolvidos por meio de linguagens não verbais – facilitam a capacitação e a transformação das perspectivas das crianças e dos jovens com relação a si mesmos e à sua realidade social. Este desenvolvimento pessoal e social de adolescentes se refere a um processo de crescimento em direção à melhoria da qualidade de suas relações com a natureza e, para tanto, é preciso que eles aprendam mais a respeito de si próprios e do mundo no qual se inserem.

Foram colocadas questões já conhecidas pelos alunos que freqüentaram as oficinas anteriores e que focalizavam tanto o aspecto formal (uso da cor, composição, desenho etc.) como o aspecto simbólico (como auto-estima fragilizada, auto-imagem contaminada, ataque como forma de defesa). Essas questões foram ainda ampliadas

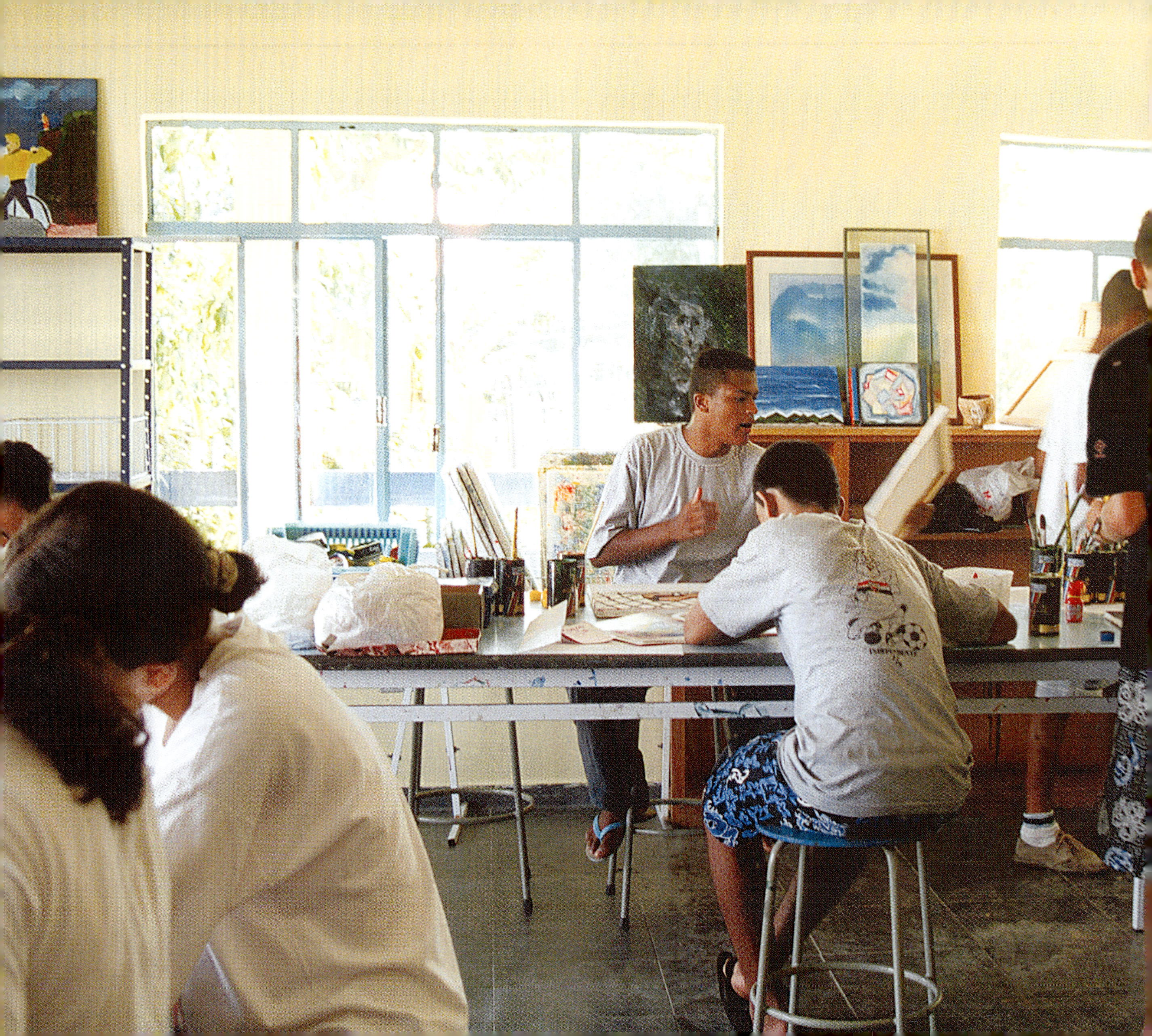

em seus conteúdos com a intenção de ampliar também o fazer artístico de cada participante, proporcionando-lhe o contato com novas técnicas, novos artistas, museus e promovendo situações de avaliação de seu próprio trabalho e do trabalho de outros.

Ansiedade, confusões e insegurança são constitutivos do processo de pensar e aprender. Assim como também o imaginar, o fantasiar e o sonhar. Não existe pensamento criador sem esses ingredientes[8].

Madalena Freire

As atividades desenvolvidas no Ateliê visaram a estimular também o desenvolvimento de trajetórias pessoais, – das quais estaremos mostrando trabalhos de dez alunos – de maneira a explorar os recursos e o potencial individual de cada adolescente. O Ateliê preocupou-se em trabalhar, predominantemente, as diferenças. Como se trabalhava com jovens cujo desenvolvimento vinha sendo acompanhado, foi possível levantar propostas que levaram a uma leitura crítica e a conhecimentos mais específicos de arte, conforme os interesses e o grau de desenvolvimento de cada participante.

Após um ano, os alunos expuseram no próprio Ateliê trabalhos realizados por eles, o que propiciou a realização de uma atividade de avaliação e de auto-avaliação: cada participante tentou ler a obra do outro e a sua própria, sob o ponto de vista formal, simbólico, histórico e outros. Esta avaliação se mostrou importante, pois ela permitiu perceber que os alunos adquiriram a capacidade de descrever uma obra e analisá-la tanto sob uma perspectiva técnica como sob a apreciação de seu conteúdo simbólico. Quanto à auto-avaliação, entretanto, os resultados não foram tão claros, pois a maioria dos alunos sentiu dificuldade em falar de seu próprio trabalho. De qualquer modo, creio que os alunos aproveitaram bem as diversas atividades oferecidas no período.

A arte é essencialmente a busca da expressão simbólica. A criação de um mundo é também a recriação inconsciente de um mundo perdido.

N. K.

Acredito que o Ateliê de Livre Criatividade realmente alcançou seus principais objetivos: processos criativos foram desencadeados e resultaram em "produtos" expressivos; cada aluno desenvolveu um trabalho artístico pessoal, com grande diversidade de soluções formais (técnicas) e universos simbólicos.

Foram realizadas também algumas atividades paralelas, julgadas importantes ao desenvolvimento geral. Considera-se oportuno citar aqui uma visita a duas exposições havidas no Museu de Arte Moderna (MAM) de São Paulo, e a leitura de um texto de C. G. Argan sobre o quadro "A Dança", de Henri Matisse.

No MAM, os alunos visitaram as exposições "O Espírito da Nossa Época" – Coleção Dulce, de João Carlos Ferraz – e a de videoarte de Steve McQueen. Na primeira exposição, o artista que mais impressionou os alunos foi Nuno Ramos, o que levou ao aprofundamento do estudo de uma de suas obras, *Carandiru 111*, já em sala de aula, contextualizando o autor em seu contexto sociopolítico. Além disso, os alunos puderam entrar em contato com conceitos de arte abstrata, arte concreta e arte conceitual, e de como a arte lida com as questões da contemporaneidade e de seus novos suportes.

> Sempre gostei de bagunça. Não de ordem nem desordem. É bagunça. O que tenho à mão vou mexendo até perder. Para depois achar de novo. Achando o que perdi acho o novo de novo, reencontro o novo no velho - é como a luz, a velha luz, descansada e sempre nova de novo[9].
>
> Tunga

Quanto a Steve McQueen, sua videoarte causou forte impacto visual e físico, pois se tratava de uma técnica desconhecida pelos alunos. Os vídeos apresentavam imagens de corpos negros muito grandes, tema que suscitou tanto discussões sobre os aspectos técnicos das imagens – enquadramento, velocidade, luz, movimento – como a respeito de raça. Neste caso, a arte foi utilizada como espaço privilegiado para o tratamento de questões extrartísticas, porém de profundo interesse para a reconstrução da identidade pessoal e social dos alunos.

A leitura do texto de Argan propiciou a exploração da diferença existente entre o *ver* e o *olhar* uma obra de arte, ratificada por observações de alunos que ilustram a importância da nutrição estética no trabalho de arte-educação: "Nossa, nunca pensei que desse azul e de um corpo feio e retorcido, pudéssemos 'ver' tantas coisas...", ou, "Através desse exemplo, transpusemos as barreiras para ler nossos próprios trabalhos".

Como podemos ver, tentamos relatar uma parte do leque de atividades, que vai desde a questão do desenvolvimento individual até a da nutrição estética. Esse tipo de contato com a arte – caminho inclusive adotado por muitos ateliês de livre criatividade ligados a museus – foi concebido a partir da tentativa de relacionar a atividade estética à vida como um todo, de forma a *desencadear uma relação existencial e não somente representacional.* Possui a intenção de criar uma relação com a arte que incorpore a imaginação e seus conteúdos, possibilitando a associação de diferentes

campos do conhecimento aparentemente distantes e desmistificando a crença de que a arte é essencialmente técnica e de que prevê domínio de habilidades.

Os ateliês de livre criatividade normalmente funcionam dentro de museus, como um setor educativo que pode contar com a coleção permanente e com as exposições do museu como material de trabalho. Porém, ao se trabalhar com uma população da periferia de São Paulo, há a necessidade de um deslocamento da idéia de um ateliê, intenção que demanda algumas adaptações. A mais flagrante diz respeito ao espaço físico do ateliê que, na falta de estímulos visuais existentes e elaborados por um museu, deve ser provido de muitos livros, reproduções e quadros que façam o papel, inclusive, de estimuladores à criatividade. Concluímos então que é importante um espaço como o do Ateliê de Livre Criatividade, que pode inclusive ser montado a um baixo custo, principalmente em instituições de ensino da periferia.

Finalmente, é necessário expressar que esses adolescentes podem ser considerados heróis – como os chama Dagmar, diretora da Casa do Zezinho – uma vez que conseguiram chegar até esta instituição. Ou seja: mesmo saídos de um mundo no qual sofrem agressões e agridem, puderam renovar seu olhar sobre o cotidiano e desenvolver uma perspectiva crítica e estética com relação ao ambiente sociocultural no qual estão inseridos, atingindo até, em muitos casos, um resgate simbólico como indivíduo. Muito já se escreveu, muitos artistas já se pronunciaram sobre a questão da violência; eu mesma já apresentei instalações com esse tema. Penso que com esse trabalho foi possível dar um passo à frente da questão *violência x cultura*. Não mais a denúncia, mas a realização de um projeto ligado ao *eu* e ao *outro*, e tentar responder a perguntas, tais como: "Aonde anda o amor, a fraternidade e a confiança?".

A arte nos ajuda a conhecer
o que não podemos articular.
N. K.

Como reajo a uma imagem? O que ela produz em mim? A quais estímulos ela me lança? A reação a estes estímulos provoca um estado emocional (raiva, dor, alegria, desejo) que é a matéria-prima dos produtos artísticos que compõem essa exposição. Quando o jovem se reflete no trabalho, ele mostra toda a sua fragilidade, o seu encantamento, a sua dor, o seu auto-retrato.

Damiane Goulart da Silva

nasceu em 16 de setembro de 1987, vive em São Paulo, no bairro Santo Antônio, e freqüenta a Casa do Zezinho desde 1999

O processo criativo pode ser um meio de reconciliar conflitos emocionais e de estimular a autopercepção e o crescimento pessoal.

N. K.

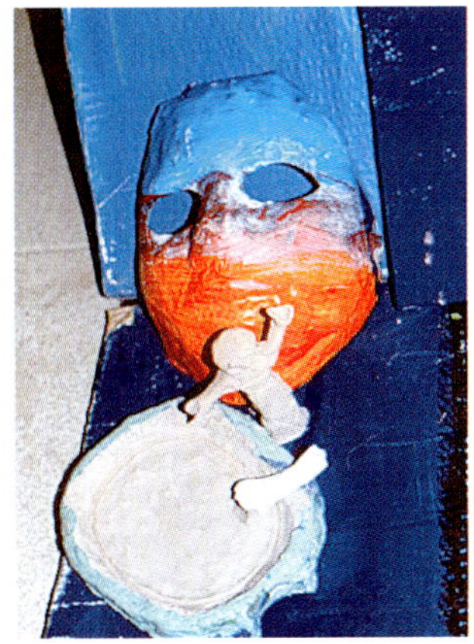

Não se trata de pensar a forma mas o formar.

Paul Klee

Na leitura dos trabalhos conseguimos perceber que sua tendência era para construções colagísticas com diferentes materiais.

N. K.

Trabalho com os elementos da minha vida, principalmente como eu vejo a favela.

Damiane

Damiane atua hoje como
monitora-ajudante nas oficinas culturais.

Fernanda Mariano da Cruz

nasceu em 25 de fevereiro de 1985, vive em São Paulo,
no bairro Santo Antônio, e freqüenta a Casa do Zezinho desde 2000

Eu gosto de entrar na natureza, tomar
banhos de cachoeira...
O amarelo do sol é VIDA...

Fernanda

Agenor Mendes das Neves Júnior

nasceu em 17 de janeiro de 1985, vive em São Paulo,
no bairro Santo Antônio, e freqüenta a Casa do Zezinho desde 1999

Vendo todos esses meus trabalhos juntos, acho que têm três assuntos que me interessam: paisagem bem brasileira, solidão e amizade, pintura abstrata.

Agenor

Minha terra tem palmeiras
Onde canta o sabiá.
As aves que aqui gorjeiam
não gorjeiam como lá.

Gonçalves Dias

A coisa mais bela que o ser humano pode experimentar é o misterioso.

Albert Einstein

Quero ser mais forte,

Quero ser mais forte,

Quero ser mais forte.

Agenor

Vanderli Tomaz

nasceu em 5 de novembro de 1986, vive em São Paulo,
no bairro Santo Antônio, e freqüenta a Casa do Zezinho desde 2000

Gosto de trabalhar com temas da umbanda, por isso tentei desenhar os orixás.

Vanderli

Estou pesquisando
sobre os orixás e
já desenhei dez.

Vanderli

Thomas Moraes Rebouças

nasceu em 16 de setembro de 1985, vive em São Paulo,
no bairro Santo Antônio, e freqüenta a Casa do Zezinho desde 1998

A intenção nem sempre coincide
com a realização.

Duchamp

SPFC

Depois dos comentários dos colegas é que me dei conta da tristeza deste trabalho. Me perguntei: "por que será que fiz um trabalho tão triste?"

Thomas

Micherlan Balbino da Silva

nasceu em 18 de junho de 1986, vive em São Paulo,
no bairro Santo Antônio, e freqüenta a Casa do Zezinho desde 1999

Gosto de pintar com pincel no começo. Mas depois pinto com os dedos. Acho que o trabalho fica mais forte.

Micherlan

No momento estou gostando de pintar pessoas e antes eu gostava de fazer paisagens.

Micherlan

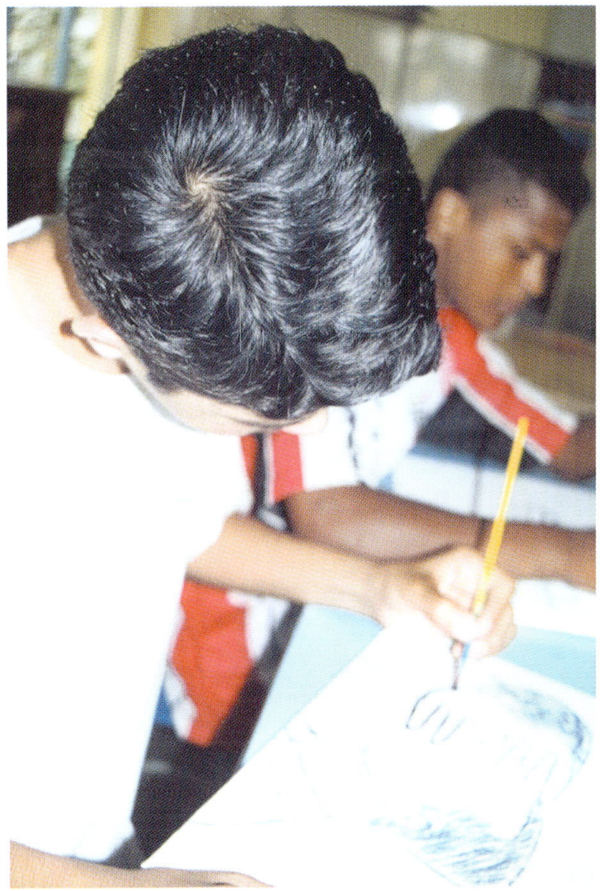

Não sou capaz de copiar a natureza como um escravo, sinto-me, pelo contrário, obrigado a interpretá-la e adaptá-la ao espírito do quadro. Todas as minhas ligações de cores devem conduzir a um acordo vivo de cor, a uma harmonia, como a da música[10].

Henri Matisse

Anderson Rodrigo Martins Silva

nasceu em 3 de junho de 1984, vive em São Paulo,
no bairro Santo Antônio, e freqüenta a Casa do Zezinho desde 2000

Vocês podem olhar para fora e desenhar da observação e também desenhar da imaginação.
Foi o que eu fiz.
Partindo do símbolo da Casa do Zezinho, fiz um desenho da imaginação, como se eu tivesse olhando pela janela.

Anderson

Este trabalho foi feito como sendo um AUTO-RETRATO. Estou na janelinha.

Vocês podem me ver?

Lucas de Souza Neres

nasceu em 14 de setembro de 1987, vive em São Paulo,
no bairro Santo Antônio, e freqüenta a Casa do Zezinho desde 1997

Minimalista tanto nas cores,
como nos gestos e ações.

N. K.

A arte e o brincar são uma tentativa de
traduzir fantasias em realidade.

N. K.

Emerson de Lima

nasceu em 19 de maio de 1983, vive em São Paulo,
no bairro Santo Antônio, e freqüenta a Casa do Zezinho desde 1996

A arte ainda pode penetrar as vaidades supremas do ser, as infinitas harmonias do Universo – é talvez a única atividade humana que ainda pode fazê-lo.

Henri Matisse

A dança coletiva no quadro de Matisse envolve pessoas sem roupa, o que pode ter sugerido ao Emerson que se tratavam de selvagens realizando uma dança ritual. Como no imaginário brasileiro o selvagem está associado à figura do índio, então acredito que Emerson se fixou nesse detalhe para representar em seu trabalho uma dança entre dois indígenas. Ele também procurou especificar o ambiente, desenhando a flora e a fauna, o clima quente, a habitação típica dos índios etc.

Daniel Santana de Jesus

Welington Batista

nasceu em 1987, vive em São Paulo,
no bairro Santo Antônio, e freqüenta a Casa do Zezinho desde 1989

O surrealismo é, antes de tudo, um estado de espírito. Um estado de insubordinação, de negatividade, de revolta que retira sua força poética das profundezas do inconsciente. O surrealismo é uma tentativa eminentemente subversiva de re-encantamento do mundo, isto é, de restabelecer no coração da vida humana os momentos encantados... É uma aventura ao mesmo tempo intelectual e passional, política e mágica, poética e onírica, que começou em 1924, mas que está bem longe de ter dito suas últimas palavras[11].

Michael Löwy

Coca-Cola
diet

Depoimentos – Encontros aos Sábados

Esses encontros aos sábados eram alegres, e neles se desenvolveu uma atmosfera agradável entre os participantes. Havia curiosidade mútua com relação aos trabalhos realizados e, na hora do lanche, quando da troca de brincadeiras, havia também troca de emoções, de sensações e questionamentos, expressos em frases como "Nossa! Como você conseguiu aquele azul! 'Me' ensina como fazer!"; ou "Eu acho que você não pode deixar tanto espaço em branco"; "Nossa! Que tema pornográfico que você usou!". Vanderli, por exemplo, interessava-se pela umbanda e por orixás, e muitas de suas conversas transcorriam sobre o assunto, alimentadas pelo funcionamento de um terreiro de umbanda ao lado da Casa do Zezinho – o terreiro da mãe Guaciara –, freqüentado por vários alunos.

Sentada ao lado deles – junto e, ao mesmo tempo, como *voyeur* –, eu ficava assombrada, fazendo ligações entre a dura realidade de suas vidas e aquele momento descontraído.

Observação: em 2002, paralelamente às trajetórias pessoais, este grupo desenvolveu um projeto denominado "Estética da Escassez"[12].

As oficinas culturais são patrocinadas pela Xerox.

Na página anterior: lanche no sábado, após a aula.

Alcesarino Tomaz

nasceu em 15 de junho de 1988, vive em São Paulo, no bairro Santo Antônio, e freqüenta a Casa do Zezinho desde 2000

Numa bela manhã de sábado, no Ateliê de Livre Criatividade, estavam todos trabalhando calmamente, enquanto Alcesarino observava com bastante atenção e surpresa o catálogo de um artista. Essa atividade suscitou nele questões e descobertas. E me perguntava: "Puxa! Isso também é arte?" "Isso também pode ser feito em arte?". E quando conversamos a respeito ele se conscientizou de que suas impressões estavam inseridas no universo da arte. Aquelas imagens com as quais se identificava pertenciam ao mundo da arte?! Bastante animado, Alcesarino começa a trabalhar com um pedaço de carvão numa folha grande: aquela gestualidade me surpreendeu, e percebi, naquele instante, que dali sairia algo muito importante.

Dei-lhe uma tela grande e Alcesarino fez uma obra em cerca de dez minutos sem nunca ter feito nada semelhante antes (p. 149). Foi como se a tampa de um caldeirão fervente tivesse sido destampada. Naquela mesma aula, ele executou mais três dos trabalhos (pp. 143, 146 e 147). Realmente foi surpreendente.

Surpreendente para mim e para ele. Num segundo olhar, eu percebi que ele não se reconhecia naqueles trabalhos. Entendi perfeitamente o que ele sentia, uma vez que já havia passado por processo semelhante no início de meu trabalho como artista, quando também não me reconhecia nas obras que realizava. Sabia o que estava acontecendo com ele e fiquei bastante sensibilizada com o que havia acontecido naquele dia. No capítulo 4.2, "Processos Criativos II", procuro fazer uma reflexão mais profunda e abrangente sobre uma das formas do desencadear do processo criativo citando o trabalho do Alcesarino como exemplo.

Decidi expor esses trabalhos aqui porque acredito serem de excelente qualidade tanto sob os aspectos formais quanto do ponto de vista de auto-expressão.

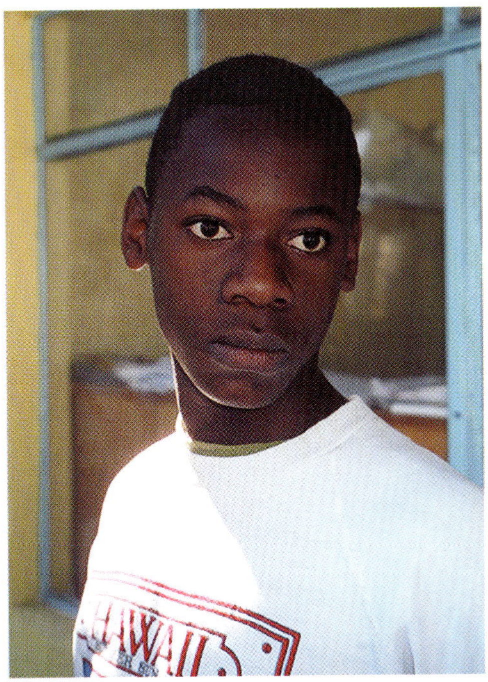

Notas do Capítulo

1. Jacob Bronowski, *O Olho Visionário: Ensaios sobre Arte, Literatura e Ciência*, Trad. Sérgio Bath, Brasília, UnB, 1998, p.39. Jacob Bronowski foi matemático, filósofo, lingüista e professor. Nasceu na Polônia em 1908 e cresceu na Inglaterra, onde ocupou cargos governamentais durante a Segunda Grande Guerra. Logo depois, mudou-se para os Estados Unidos, onde trabalhou na UNESCO e lecionou no Massachusets Institute of Technology (MIT) e no Instituto Salk da Califórnia. Faleceu em 1979.
2. *Idem*, p. 27.
3. *Idem*, p. 32.
4. Henri Michaux, *Liberté d'Action*, *apud* Gaston Bachelard, *A Terra e os Devaneios da Vontade: Ensaio sobre a Imaginação das Forças*, Trad. Maria Ermantina Galvão, São Paulo, Martins Fontes, 2001, p. 165.
5. Jacob Bronowski, *op. cit.*, p. 38.
6. Wassily Kandinsky em Hajo Düchting, *Wassily Kandinsky, 1866-1944: A Revolução da Pintura*, Trad. Casa das Línguas, Lda. Colônia, Alemanha, 1994, p. 40.
7. Kiki Smith em I. Becker, F. Frangenberg e G. Gohlke, *Mulheres Artistas nos Séculos XX e XXI*, Trad. Carlos Sousa de Almeida (Teletraduções, Lisboa), Colônia, Alemanha, Taschen, 2002, p. 502.
8. Madalena Freire, *A Paixão de Conhecer o Mundo: Relato de uma Professora*, Rio de Janeiro, Paz e Terra, 1983.
9. Tunga, *Barroco de Lírios*, São Paulo, Cosac & Naify, 1997.
10. Henri Matisse em Volkmar Essers, *op. cit.*, p. 36.
11. Michael Löwy (Sobre o surrealismo) em Michael Löwy, *A Estrela da Manhã: Surrealismo e Marxismo*, Trad. Eliana Aguiar, Rio de Janeiro, Civilização Brasileira, 2002.
12. O projeto completo, *Estética da Escassez,* foi incluído no cap. 03, p. 193.

02 Da Natureza para a Arte, da Arte para a Natureza

2.1 Projeto Anchieta

2.2 Trabalhando com a Natureza

2.1 Projeto Anchieta

O que deram pra gente, quero poder dar muito mais pros outros.

Wanderson Silva, 14 anos, freqüentador do Projeto Anchieta

O Projeto Anchieta é uma iniciativa inédita que visa criar condições para a reestruturação de famílias, crianças e adolescentes em situação de risco social e para o desenvolvimento de suas capacidades e habilidades, a fim de que possam realizar seus anseios de aprimoramento como indivíduos e membros da sociedade.

Fruto da idealização do Projeto Anchieta, em 1994 criou-se o Grupo Itápolis, sociedade civil sem fins lucrativos. A partir da doação de um terreno de 220 mil m^2 no Grajaú, zona Sul de São Paulo, a idéia começou a transformar-se numa iniciativa real. No início, eram cerca de cinqüenta crianças e adolescentes. Hoje, são mais de duzentos jovens matriculados entre três e dezessete anos. As atividades foram ampliadas para as áreas de Educação, Cultura, Profissionalização, Saúde, Meio Ambiente e Atendimento Comunitário.

A orientação pedagógica das atividades educacionais do Projeto Anchieta baseia-se nos conceitos e no pensamento do médico e educador Janusz Korczak[1]. Todos os programas e equipamentos atenderão não só os moradores do Projeto como também à população da comunidade do entorno. O Projeto será um centro aberto e integrado à população do bairro.

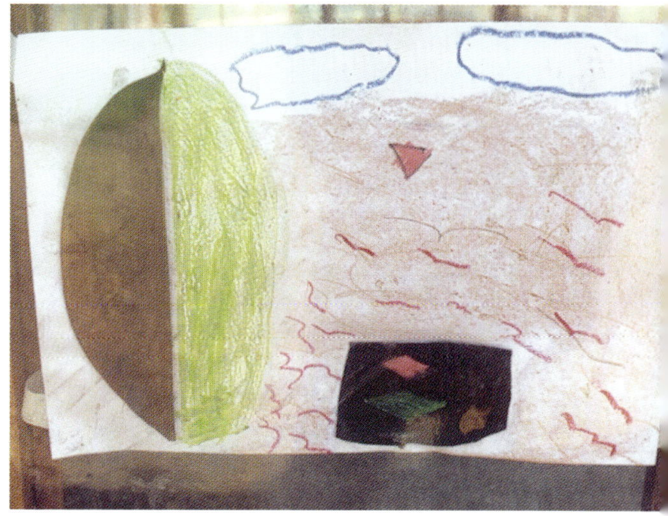

2.2 Trabalhando com a Natureza

A convite de Antonieta Bergamo, diretora do Projeto Anchieta, entrei em contato com o conceito do Projeto e do local onde ele estava sendo desenvolvido. Após várias visitas ao local e, partindo do princípio de que os projetos educativos devam otimizar as condições físicas existentes e as limitações financeiras e/ou pedagógicas, e devam ter, como prioridade absoluta, o seu objeto – neste caso, os jovens que o freqüentam –, ficou claro que se deveria conceber um projeto baseado nas condições do lugar, levando em conta tanto a exuberância da natureza, a beleza das árvores centenárias, o espaço agreste, como a precariedade das instalações e a imperceptível apropriação do espaço pelas crianças. O Projeto nasceu da vontade de ligar a utilização do espaço físico e de seu potencial aos valores da arte e da arte-educação.

Na página anterior e abaixo: grupo de seis a oito anos.

Trabalhou-se com grupos divididos de acordo com as seguintes faixas etárias:

a) Grupo de seis a oito anos, trabalhando com materiais da natureza

O trabalho desenvolveu-se a partir de passeios pelo local. Desse modo, foi feito o reconhecimento físico do espaço, recolhendo-se, ao mesmo tempo, folhas, galhos etc. Num primeiro momento, esse material agrupado serviu de modelo para os desenhos das crianças, executados com lápis pastel e tinta, como ilustrado nas fotos. Num segundo momento, a partir de um ato – o levantar de uma folha do chão e a exposição de sua beleza às crianças em volta –, uma delas observou um inseto morto, esmagado, sobre a folha. Este fato serviu de estímulo para o desencadeamento de muitos trabalhos. Elas conversaram muito sobre a vida e a morte, e de como a bele-

IZABEL

za e a harmonia podem conter, ao mesmo tempo, momentos bons e desagradáveis. Esta situação provocou um deslocamento do olhar.

As crianças e os monitores ficaram atentos ao espaço de convivência. A partir deste momento os monitores, espontaneamente, começaram a trabalhar os materiais encontrados no entorno de diferentes maneiras, com os quais as crianças fizeram máscaras, auto-retratos, paisagens, colagens etc.

O espaço propiciava um privilegiado contato com a natureza. Apresentamos a obra do artista Frans Krajberg, coletamos nosso material de trabalho em caminhadas pelo mato do terreno. Mais uma vez, o território de cada um se expandia e preciosidades foram descobertas em um lugar que, para eles, era anteriormente desprovido de beleza. Quando percebi, eu mesma estava às voltas com o galho de uma árvore que já era, em si, um desenho pronto.

Carla Venusa, educadora
do Projeto Anchieta

b) Grupo de oito a treze anos: trabalhando na natureza

Trabalhou-se o espaço físico como se este fosse o Ateliê. Os jovens escolheram um local sob as árvores, limparam-no, organizaram-no e pintaram algumas delas. Foram recolhidos gravetos e galhos com os quais foi feito um trabalho de grupo, com desenhos de 3,00 x 0,70 m. Esse material também serviu para a construção de várias esculturas – algumas feitas individualmente –, e uma delas, elaborada pelo grupo, era enorme, e emoldurou o espaço: o suporte do trabalho artístico foi a natureza e seus componentes. Essa forma de trabalho nos levou a conhecer, dentro da história da arte, a chamada *Land Art* [2].

Na página anterior e ao lado:
grupo de oito a treze anos.

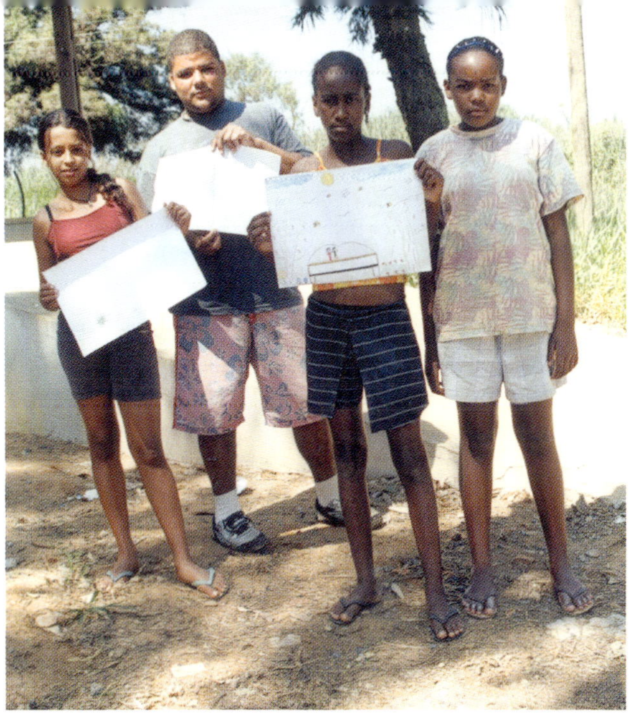

c) Grupo de treze a dezessete anos: patchwork *de jardins*

Estudando mais profundamente o que já havia acontecido no Projeto, descobriu-se que havia sido oferecido um curso de jardinagem a alguns jovens, no Parque do Ibirapuera. A partir, então, dos dados que já se possuía acerca do meio físico, além da revelação do contato dos jovens com a jardinagem, elaborou-se um projeto ao qual foi dado o nome de "*Patchwork* de Jardins". As seguintes questões foram, então, colocadas aos adolescentes:

Eu pertenço ao espaço que freqüento ou ele me pertence? Eu me reconheço neste espaço?

Eles teriam de adquirir noções do espaço real, e para isto, tiveram de elaborar uma planta utilizando elementos de matemática para calcular os canteiros, o número de mudas e a questão das cores. Enfim, vários e múltiplos elementos tornaram o tema de grande potencial educativo, participativo e formativo.

Decidiu-se que cada jardineiro teria quatro ajudantes, perfazendo um total de 45 jovens. Essa decisão provocou, como conseqüência, uma atualização dos conceitos de equipe e socialização.

Nas fotos, é possível ver os jovens e suas equipes durante a elaboração do projeto, escolhendo seu espaço, delimitando e definindo sua forma, a relação desta com os outros canteiros, escolhendo plantas, escrevendo os nomes dos arbustos e árvores, calculando o número de mudas necessárias e, finalmente, plantando. Essa experiência proporcionou a realização de um projeto interdisciplinar, colocando em prática a interação de diferentes conhecimentos.

Aos jovens foram atribuídas responsabilidades, pois tiveram a oportunidade de utilizar conhecimentos pertinentes à linguagem, à biologia, a técnicas de jardinagem e paisagismo, além de terem sido introduzidos em conceitos fundamentais da arte (cor, textura, composição, linha) e levados a trabalhar o conceito de espaço físico, de espaço social etc.

Na página anterior:
grupo de treze a dezessete anos.

Em todas as etapas houve conversas, troca de idéias e um alto grau de motivação foi alcançado. Trabalhou-se intensamente durante três meses.

Analisando os resultados do projeto, verificou-se a necessidade de se conceber não só a implantação do mesmo, mas, por motivos educativos principalmente, sua continuidade. Após os três meses – quando os jardins estavam plantados e a floração se iniciava –, as formigas tomaram conta dos jardins por falta de cuidados profissionais, fato que causou uma grande frustração aos jovens. Ponderaram-se as causas do insucesso parcial, questionamento que deu origem à seguinte pergunta: será que este fato invalidou o que se conseguiu na primeira etapa, executada com extremo entusiasmo e alegria?

A devastação dos jardins pelas formigas serviu como material de debate e análise feita pelos monitores e pelos jovens. Chegou-se à conclusão de que, para se atingirem os objetivos integrantes de uma ação educativa eficiente, não bastam boas idéias, engajamento e motivação. É preciso também pensar na logística de sua implementação, no planejamento e na organização de todas as etapas.

Na página anterior e ao lado: grupo de treze a dezessete anos.

d) Desenhando ao ar livre

Fez-se ainda um quarto trabalho que envolveu crianças de idades variadas. Num terreno baldio e descampado, as crianças desenharam, quase em tamanho real, plantas baixas de suas casas reais e de outras imaginadas, desejadas. Depois deste "bairro" estar pronto, realizou-se espontaneamente uma dinâmica de grupo, reprodutora de situações vivenciais concretas. O brincar (Winnicott)[3] desencadeou um processo "autoterapêutico", no qual os monitores entraram em contato com problemas do dia-a-dia de uma maneira lúdica, muito intensa e sem pressões. Enfim, o espaço físico propiciou a todos trabalhar conceitos e relações entre arte e natureza.

Realizou-se uma mostra do conjunto dos trabalhos desenvolvidos pelos três grupos na festa de São João, na qual tanto as crianças como seus pais tiveram a oportunidade de ver suas criações. Novamente, acentua-se a importância pedagógica e social desse tipo de concepção que, além de atentar para a produção dessas obras, mostra-as ao grupo e à comunidade[4].

Notas do Capítulo

1. Janusz Korczak, cujo nome real é Henryk Goldssmit, nasceu em Varsóvia em 1878, e é uma da maiores e mais impressionantes figuras da pedagogia contemporânea. Médico, educador e jornalista, foi perseguido e morto pelas forças nazistas, na Polônia. Dedicou sua vida às crianças, a seu ver, pessoas com tanto direito ao respeito como os adultos. No orfanato que dirigiu, a vontade das crianças era expressa em votos em assembléias, e valia tanto quanto a vontade dos educadores. O programa de trabalho pedagógico de Korczak era baseado na tese de que as crianças devem ser plenamente compreendidas, que se deve entrar no espírito de seu mundo e de sua psicologia, mas que, antes e acima de tudo, elas precisam ser respeitadas e amadas, tratadas, de fato, como companheiras e amigas. Extraído de T. Lewowicki, H. Singer e J. Murahovschi, *Janusz Korczak: Perfil, Lições, "O Bom Doutor"*, São Paulo, Edusp, 1998.
2. *Land Art* é um movimento que concentrou seu trabalho na natureza com seus materiais (Robert Smithson, Richard Long...).
3. Veja no projeto Resgate pelo Retrato – a importância de expor os trabalhos das crianças em espaços públicos – o porquê do metrô como espaço de exposições dos trabalhos executados pelas crianças.
4. Capítulo 04, Leituras para Reflexão.

Hard Rock
CAFE
LISBOA

03 Formação de Monitores

3.1 Reflexões sobre a Arte e o Papel do Educador

3.2 Atividades para Capacitação dos Monitores da Casa do Zezinho

3.3 Atividades para Capacitação dos Monitores do Projeto Anchieta

3.4 Seminário de Arte-educação Dirigido a Instituições de Educação Não-formal da Periferia

3.5 Metodologia e Estratégia

3.6 Estética da Escassez

3.1 Reflexões sobre a Arte e o Papel do Educador

> Espaços de arte hoje em dia podem tornar-se o espaço principal para apresentações de questões extra artísticas, mas de profundo interesse social.
>
> N. K.

Uma maneira bastante eficiente para a realização de um trabalho com crianças por meio da arte é dar atenção à preparação dos monitores. Esse trabalho preliminar se faz necessário justamente para que se crie uma situação de aprendizagem e planejamento quanto à introdução da arte-educação em determinado ambiente. Porém, é necessária uma reflexão anterior sobre a arte e suas implicações no papel do educador.

O canal de comunicação estabelecido entre a obra de arte e aquele que a usufrui não implica necessariamente um único caminho interpretativo. A grandeza de uma obra de arte está justamente nos múltiplos caminhos que ela abre às pessoas no tempo e no espaço. É um código aberto que se carrega de significado à medida que os alunos se lêem através de uma imagem com a qual se identificam: o resultado desse contato é o surgimento de uma gama de interpretações.

> As necessidades culturais fazem parte intrínseca da natureza humana e devem ser incluídas entre as necessidades básicas como alimentação... o que faria da necessidade cultural uma necessidade natural.
>
> Teixeira Coelho

Essa experiência do contato com a arte se harmoniza plenamente com a concepção da atividade de educação elaborada por Martin Buber. Segundo ele, o verdadeiro educador é aquele que estabelece um encontro existencial com seu educando, ou seja, os alunos não irão se apegar à dinâmica rotineira das aulas guiados somente pelos valores do professor, mas empenhar-se-ão na procura de valores emanados desse encontro. Por esse motivo, é preciso que os educadores passem por uma experiência vivencial, que pode ser feita, muitas vezes, em conjunto com professores e funcionários da instituição na qual o trabalho é realizado.

Os professores vivenciarão o que seus alunos vivenciarem. A relação pedagógica autêntica é o verdadeiro envolvimento, em que os seres humanos participam efetivamente com os seus sentimentos, conhecimentos e reações. Trata-se de um contato de confiança no qual existe a necessidade mútua de crescimento.

3.2 Atividades para Capacitação dos Monitores da Casa do Zezinho

Interpretar é:
leitura de palavras,
de gesto,
de ações,
de imagens,
de desejos,
de expectativas.
N. K.

A "atividade preparatória" na Casa do Zezinho foi realizada em diversas etapas. Primeiramente, discutiu-se a necessidade de haver um tema como estratégia, chegando-se finalmente a essa conclusão por ela apresentar-se como um meio mais fácil e eficiente de aproximação das crianças com a arte e de promoção do desenvolvimento de seu complexo cognitivo-emocional. Porém, qual seria o tema?

O tema do auto-retrato foi sugerido por mim por achá-lo bastante abrangente, aplicável tanto ao indivíduo quanto a faixas etárias, além de também poder ser aplicado a todos os membros da Casa por meio das montagens e dos trabalhos em grupo.

Em seguida, foi analisado como esse tema seria desenvolvido: através de que formas ele poderia ser apresentado aos jovens e por meio de que tipos de abordagens.

[...] a necessidade do educador
de experimentar o processo a ser
desenvolvido junto às crianças.
N. K.

Como falado anteriormente, adotou-se, como princípio fundamental na preparação dos monitores, a necessidade do educador experimentar o processo a ser desenvolvido junto às crianças. Com esse fim portanto, eles assistiram a uma palestra na qual se discutiu o que é arte, o que é educação e o que é arte-educação, tendo-lhes sido deixado, à disposição, material didático e de apoio, além de outros textos e bibliografia relativa aos tópicos abordados na palestra. Buscou-se também material visual sobre o assunto – cuja pesquisa resultou em três exposições –, além da troca de idéias sobre os temas abordados e sobre o tema do auto-retrato a ser trabalhado com as crianças e com os jovens.

BRAZIL

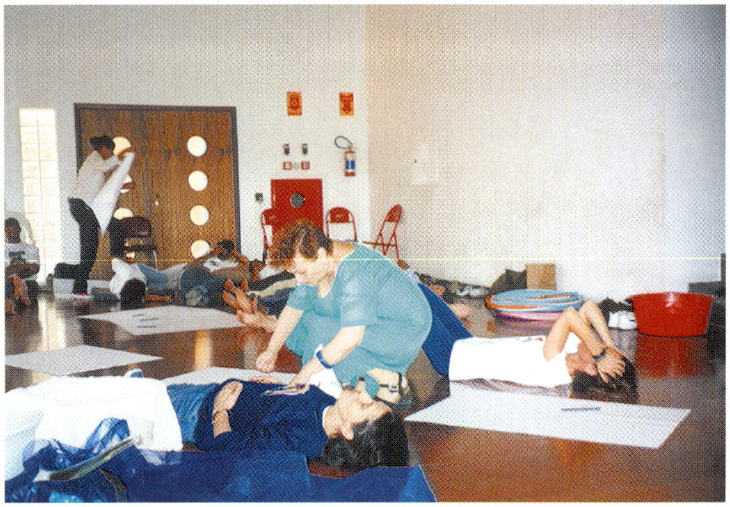

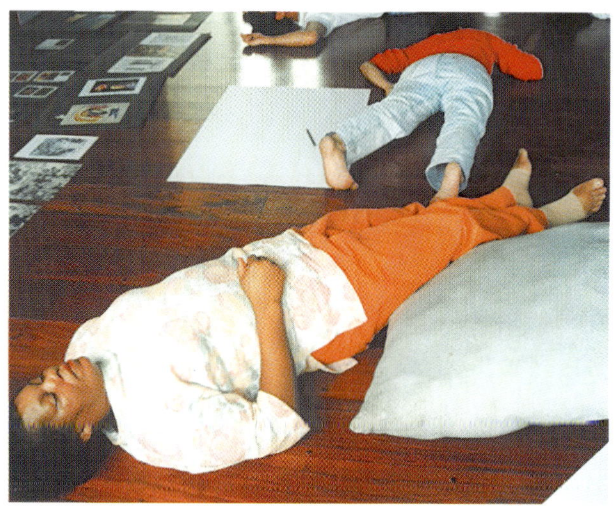

A arte é a resposta que temos contra tudo que nos diminui, amedronta, achincalha e menospreza. Contra a força e o obscurantismo, tome arte, ou como diz o artista Bené Fonteles, antes arte do que tarde.

Frederico Moraes

Realizou-se, então, um *workshop*, com a participação de todo o pessoal da Casa, desde os faxineiros, cozinheiros, até os professores. O espaço foi organizado de tal forma que permitiu o contato com três exposições: a primeira, que mostrou o auto-retrato desde a pré-história até os dias de hoje; a segunda, com doze auto-retratos de Pablo Picasso; e a última, com auto-retratos de artistas contemporâneos, que trabalharam com diferentes suportes e mídias. Portanto, além da questão da localização do auto-retrato na história da arte, as imagens, colocadas em forma de pequenas exposições no recinto, também serviram de estímulo para desencadear processos criativos.

A criação desse ambiente propiciou um espaço afetivo adequado à realização do *workshop*.

N. K.

A criação desse ambiente propiciou um espaço afetivo adequado à realização do *workshop*. Após uma breve introdução, realizaram-se exercícios de sensibilização[1] e, ao final, todos produziram um trabalho de arte. Esses trabalhos foram executados em um ateliê de livre criatividade, montado com a intenção de que eles aprendessem a montar o seu próprio local de trabalho. As obras prontas foram encaminhadas à sala de conferências, onde se realizaram suas leituras.

É de extrema importância a leitura dos trabalhos feitos no ateliê.

N. K.

É de extrema importância a leitura dos trabalhos feitos no ateliê. Essa leitura pode ser feita de diferentes formas, começando-se pela comparação de dois trabalhos executados em um mesmo momento – suas semelhanças e diferenças –, e de sua análise formal, simbólica, filosófica e psicológica. Na verdade, todos têm muita vontade de falar o que os levou a fazer o trabalho daquela maneira, e é a partir do trabalho do participante que se faz uma analogia com algum artista, contextualizando-o na história da arte e situando-se aquela obra no tempo e no espaço. Em síntese, a partir das semelhanças entre os trabalhos produzidos no ateliê e as obras de artistas famosos, são discutidos conceitos de história da arte, técnicas e diferentes "ismos".

Na página anterior:
Workshop Casa do Zezinho

3.3 Atividades para Capacitação dos Monitores do Projeto Anchieta

No caso do Projeto Anchieta, a preparação dos monitores não foi tão completa e abrangente: constituiu-se de uma palestra inicial, de exercícios de sensibilização e da montagem do Ateliê de Livre Criatividade, no qual os monitores passaram pela experiência de executar trabalhos ligados ao tema sugerido para o trabalho com as crianças.

Devido ao tema estar ligado à *Land Art* – um capítulo da história da arte –, alguns conceitos a ela pertinentes ou paralelos foram levantados. Houve uma aula com *slides* em que se explicou o que era a *Land Art*, a possibilidade de usar-se suportes não convencionais etc. A partir dessa aula teórica sobre história da arte contemporânea, em que se discutiu questões tais como: como se escolhe um tema? Como se apresenta um tema? Como se desenvolve um tema? Qual a importância de se trabalhar com um tema? A escolha de um tema como estratégia. Foi possível chegarmos à escolha do tema: *Da Natureza para a Arte, da Arte para a Natureza*[2].

Na página anterior: *Workshop* e monitores do Projeto Anchieta

3.4 Seminário de Arte-educação Dirigido a Instituições de Educação Não-formal da Periferia

Baseando-se em minha experiência como arte-educadora e no trabalho por mim desenvolvido junto aos monitores da Casa do Zezinho e do Projeto Anchieta, organizou-se o seminário sobre arte-educação. Para este seminário foram convidadas dezessete instituições não-governamentais de ensino não-formal do Estado de São Paulo. Este evento teve o propósito de compartilhar a metodologia utilizada em ambos os projetos e analisar, juntamente com os participantes, os resultados obtidos, com vistas a que essas experiências concretas e bem-sucedidas em arte-educação na periferia promovam a produção de material didático que, tanto do ponto de vista conceitual como prático, seja flexível às particularidades de cada uma das organizações.

O Seminário foi realizado na Casa do Zezinho, nos dias 2 e 23 de junho de 2002. Como a Casa já utilizava a metodologia da arte-educação em suas atividades, o espaço mostrava-se impregnado de arte, e foi justamente isto que motivou sua escolha como local para a realização do evento.

Na manhã do primeiro dia do encontro previu-se uma palestra sobre os aspectos teóricos da arte, da educação e da arte-educação. Os conceitos nela explanados tiveram, depois, uma aplicação prática na discussão de pontos como: a escolha de um tema, a apresentação de um tema, e a maneira de se desenvolver um.

Em seguida, os participantes foram divididos em grupos para realizarem um exercício de sensibilização. Com a ajuda de monitores que freqüentam o Ateliê de Livre Criatividade, os participantes executaram trabalhos relativos ao tema escolhido: o

Na página anterior:
Seminário de Arte-educação

auto-retrato. Cada um fez seu trabalho (ver fotos) e, após o almoço, todos voltaram à sala para discuti-los.

Como "lição de casa", ficaram incumbidos de tarefas cujos resultados seriam discutidos no próximo encontro. A proposta de trabalho que cada um levou para a sua instituição foi acompanhada e orientada caso a caso. Esse trabalho foi planejado de modo a ser desenvolvido em duas fases:

Primeira Fase: planejamento, coleta de material didático e ilustrativo. Nesta fase, os monitores permaneceram em contato direto com a coordenadora do Seminário – Nair Kremer –, que os orientou na elaboração de suas tarefas de casa.

Segunda fase: ainda em curso, refere-se à introdução dos projetos-piloto, executados individualmente pelos participantes do Seminário, em seus locais de trabalho. Pretende-se, com isto, um acompanhamento individual junto ao orientador de cada instituição, almejando que toda instituição tenha o seu próprio ateliê de trabalho.

No final do encontro, os participantes receberam uma pasta com material de apoio, produzido especialmente para esse evento, sobre arte-educação.

Interpretação de um trabalho não implica certo ou errado mas pode ser julgado por inúmeros critérios.

N. K.

Interpretar implica visão de mundo, por isso, interpretações podem ser contraditórias.

N. K.

Na página anterior:
Leituras das obras de arte

Estas séries de imagens fazem parte das três exposições montadas no espaço do *workshop*.

Auto-retrato de Michael Gros.

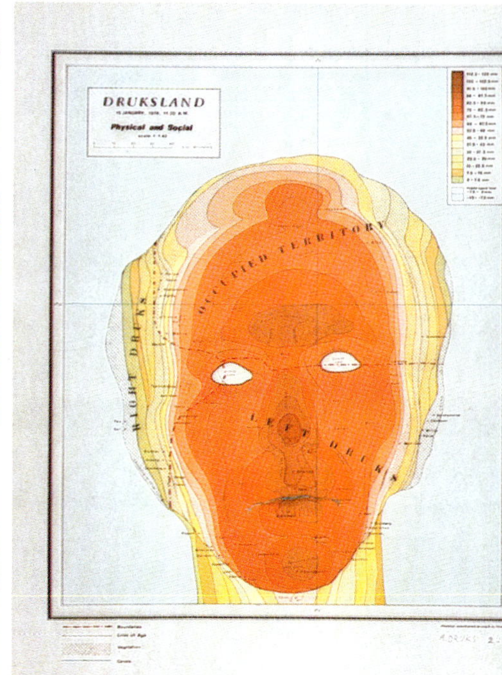

Auto-retrato de Michael Droks.

Auto-retratos de Picasso

Como se escolhe um tema
Como se apresenta um tema
Como se desenvolve um tema
Quais as vantagens e desvantagens
de se trabalhar a partir de um tema.

N. K.

Leitura da obra de arte é:
questionamento,
busca,
descoberta,
despertar da capacidade crítica.

N. K.

Ao lado:
Auto-retrato de Iochevet Vainfeld (esquerda).
Auto-retrato de Avigdor Arica (direita, acima).
Auto-retrato de Haim Atar (direita, abaixo).

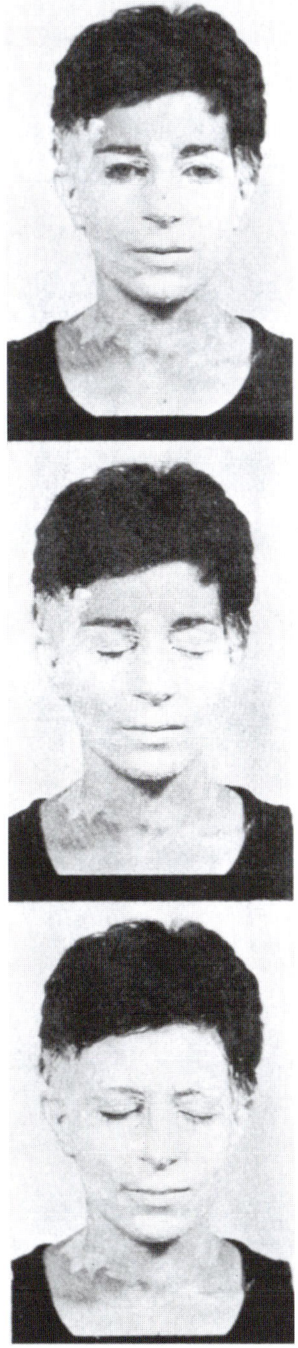

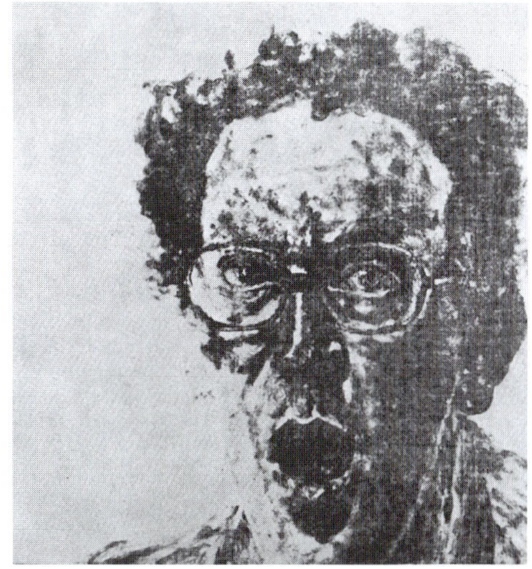

3.5 Metodologia e Estratégia

Aprendendo arte com arte.
A arte não apenas como expressão,
mas também como cultura.

A metodologia aproxima-se do método da canadense Monique Brière e da metodologia triangular empregada no MAC-USP e introduzida por Ana Mae Barbosa, além da experiência de Nair Kremer, ligada a Aialá Gordon, do Setor de Educação do Museu de Israel (1960-1990).

É de interesse primordial o fazer artístico. No início, o professor precisa conhecer a fase de desenvolvimento de cada aluno de seu grupo para, em seguida, introduzir propostas que o levem a uma leitura crítica, ao conhecimento de história da arte, de estética e crítica de arte etc.

Eu acho que a arte é o
RG da Casa do Zezinho.
O resgate da identidade – livrar do
cativeiro – liberar e recuperar o
indivíduo preso e superarmos juntos os
obstáculos da pobreza.

Saulo Garroux, fundador e
coordenador de arte da Casa do Zezinho.

Por serem conhecidas as diferentes formas de o adolescente ver o mundo, de reagir e expressar seus sentimentos, sempre diretamente relacionados ao contexto social no qual está inserido, optou-se por agregar, aqui, alguns relatos de uma experiência de arte-educação ocorrida na periferia de São Paulo[3], munida de alguns de seus procedimentos. Esses exemplos possibilitam perceber algumas das estratégias que foram utilizadas e os resultados alcançados.

1. Descoberta de si mesmo[4] (Exercício de sensibilização)

Sala à meia-luz e música suave.

Na página anterior: trabalho
realizado por Saulo Garroux

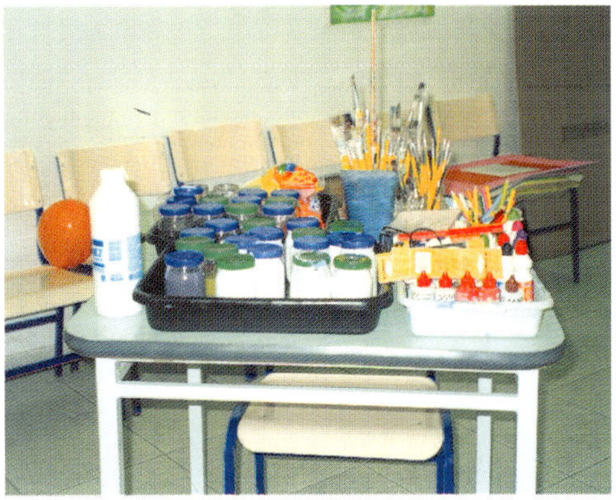

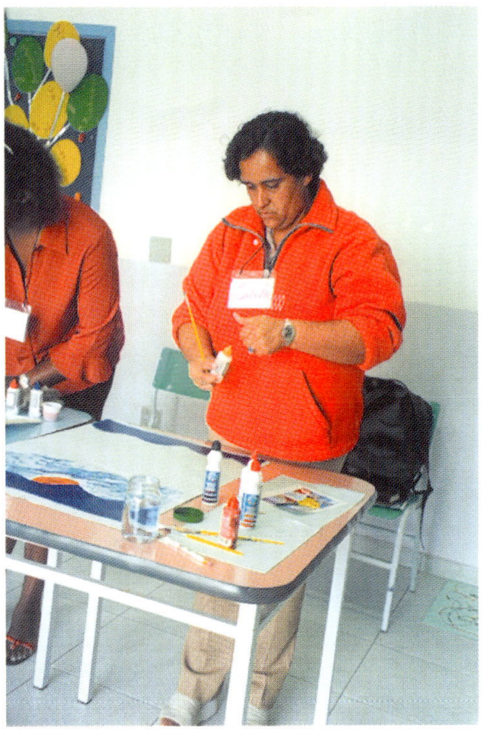

2. Instruções

a) o grupo caminha pela sala, liberando as tensões do corpo e diminuindo o ritmo do andar, sem verbalização;
b) cada um escolhe um local para sentar-se confortavelmente, com espaço à sua volta;
c) todos fecham os olhos e "descobrem" as próprias mãos através do tato, explorando a forma, tamanho, textura, temperatura etc.;
d) em seguida, exploram o rosto com as mãos, detalhadamente, adotando o procedimento anterior. Após a descoberta, exploram a cabeça, o pescoço, o tórax, o abdôme, as pernas e os pés.

3. Materiais utilizados

Materiais diferentes, dispostos em três mesas: lápis, pastel, argila, papel para colagem, tintas, pincéis, papéis, cartões, diferentes objetos, vários materiais juntos etc. É preciso prestar atenção às instruções espalhadas pela sala (imagens, espelhos, textos etc.).

4. Início do Trabalho

Poderá ser um desenho, pintura, colagem, técnica mista, bidimensional, tridimensional. Uma vez finalizado, deve-se levá-lo ao auditório e situá-lo no espaço.

5. Alguns exercícios que podem ajudar o aluno na execução de seu auto-retrato

a) olhe-se no espelho, utilizando pastel, tinta ou argila;
b) auto-retrato de argila feito com os olhos fechados: *sinta seu rosto com uma das mãos enquanto modela a outra;*

c) toque seu rosto e, depois, desenhe-o;

d) faça seu auto-retrato a partir de como você se vê ou de como se sente internamente. Utilize argila, colagem ou vários materiais juntos;

e) você, visto por um amigo e por alguém de quem você não gosta;

f) imagine que a folha de papel é um espelho: o que você vê? (seja de forma realista, metafórica ou abstrata);

g) caixa de "eu" (colagem);

h) auto-retrato: *exagerando o modo como você acha que se parece;*

i) fixe uma grande folha de papel na parede, desenhe o contorno de seu corpo, e depois, trabalhe da maneira que quiser nessa imagem corporal de si mesmo, em tamanho natural. (Variações: você se deita no chão enquanto outro aluno desenha seu contorno no papel);

j) faça o contorno de seu corpo, nomeie as partes, pinte-as com cores ou preencha-as com colagem, com o intuito de representar o que está acontecendo em seu interior, física, mentalmente, ou ainda, energeticamente, através de linhas de energia que podem mostrar o que acontece com relação aos seus órgãos, aos seus sentimentos, às suas dores etc.;

k) converse com o seu contorno, imaginando-se diante de si mesmo. Escolha uma parte da imagem corporal para explicá-la em um outro desenho aumentando-a ou diminuindo-a;

l) preencha o contorno de seu corpo com o que gosta ou com o que não gosta;

m) corte, no compensado de madeira, o contorno de seu corpo em diferentes posições. Pinte-os com látex, pastel, carvão etc.;

n) costure plásticos para formar um objeto tridimensional. Utilize materiais diversos;

o) faça um modelo em tamanho natural para utilizá-lo como um "outro eu";

p) desenhe a si mesmo imaginando-se um objeto. A escolha do objeto pode ser livre – para obter um resultado inesperado –, ou definida. Por exemplo: desenhe a si mesmo como uma casa, árvore, animal, comida, ilha, cores e formas, edifício, flor, planta, refeição, água, paisagem. Se for adequado, faça também um cenário;

q) após finalizar o objeto, fale sobre ele na primeira pessoa do singular, agindo como se você fosse o objeto;

r) desenhe a si mesmo como aquele animal que você preferiria ser e como aquele que você jamais gostaria de ser.

6. *Autopercepções*

A maior parte desses exercícios enfatiza, de diversas maneiras, como as pessoas vêem a si mesmas. Os diferentes materiais, técnicas e suportes utilizados apenas facilitam a representação, de modo concreto, dessas autopercepções[5].

3.6 Estética da Escassez

Em 2002, o Ateliê de Livre Criatividade desenvolveu, paralelamente às trajetórias pessoais, um projeto denominado "Estética da Escassez".

"Estética da Escassez" consistiu em trabalhar com alunos mais velhos da Casa do Zezinho fora do âmbito da Casa, penetrando nos lares, ruas, bairros, enfim, no espaço físico e cultural das crianças que integram a Casa e de seus familiares. Procura interagir a Casa do Zezinho com a comunidade, concretizando o ciclo Ação – Reflexão – Ação.

O projeto tem por objetivo registrar a transformação da falta, da escassez, da pobreza em formulação visual, expressando como as pessoas refazem, mantêm e reconstroem seu espaço físico e cultural na periferia urbana da cidade de São Paulo. A indiferença da sociedade e o senso de perda de sua identidade e de suas raízes exigem a adaptação dessa população às condições periféricas da cidade e da sociedade, que sente a necessidade de reformular vários aspectos de suas identidades.

Sua bagagem cultural e sua condição socioeconômica incitam-nos a reciclar materiais na construção e decoração de seus lares, situação que resulta numa estética característica: a estética da escassez. A partir de um ato de reflexão sobre os registros, o Projeto pretende propor também, em conjunto com a comunidade, algumas alterações e inserções nos aspectos visuais do meio ambiente.

O Projeto "Estética da Escassez" consiste em seis etapas, caracterizadas pelo desenvolvimento de ações e produtos:

Acima e na página seguinte: Exposição "De Mala e Cuia", Conjunto Nacional, 2003.

1) Pesquisa dos espaços: trata do levantamento de dados dos locais onde vivem as pessoas, extraídos de entrevistas, de registros visuais que se utilizam de várias técnicas, e da rede de estórias, produtos, estilos e decoração desses locais. Os registros compreendem a documentação fotográfica de objetos trazidos dos locais de origem das famílias (raízes); produtos de valor artístico ou de ambientes, cerimônias, rituais etc.; a conjunção de novos materiais reciclados na construção de suas casas e barracos; e sua tradição cultural. Este levantamento se traduz em painéis fotográficos, pinturas com colagens, fotos, vídeos, instalações, maquetas etc.
2) Intervenção no meio ambiente, dentro e fora de casa: estas intervenções devem ser feitas após uma reflexão sobre o material coletado e uma análise ponderada sobre o que pode ser modificado visualmente no hábitat dessas pessoas (exterior da casa, rua, bairro), contando com a participação das mesmas. Exemplos: esculturas ambientais, murais, questões ecológicas etc.
3) Exposições: exposições de painéis fotográficos, trabalhos coletados e inseridos em ambientes reconstruídos, maquetas, instalações, videoinstalações, pequenas instalações individuais etc.
4) Álbum: constitui uma coletânea dos produtos culturais originários dos membros da comunidade, como depoimentos transcritos, objetos produzidos, escritos etc.
5) Video: documentação das habitações, seus entornos, depoimentos etc.
6) Livro: pode-se utilizar, como exemplo, o livro *Deslocamentos*.

Tal Projeto encontra-se aberto a interessados em executá-lo.

A parte do projeto – levantamento de dados extraídos de entrevistas, de registros visuais, resgatando os aspectos culturais dos seus pais, avós e bisavós – já foi executado e exposto no Conjunto Nacional, em São Paulo, em dezembro de 2002. Optamos por não colocar a documentação pois o projeto ainda está em fase de execução.

Notas do Capítulo

1. Acrescentamos esses exercícios na seção 3.5 deste livro, p. 189.
2. Ver exemplos e imagens de como foi usado o tema no capítulo sobre o Projeto Anchieta, p. 155.
3. Este é o propósito do livro. Vestir com roupas adequadas a metodologia conhecida.
4. O diretor deve dar as recomendações, respeitando o ritmo de cada um.
5. Exemplos desses exercícios estão documentados nas imagens da seção *Resgate pelo Retrato,* cap. 01, p. 49.

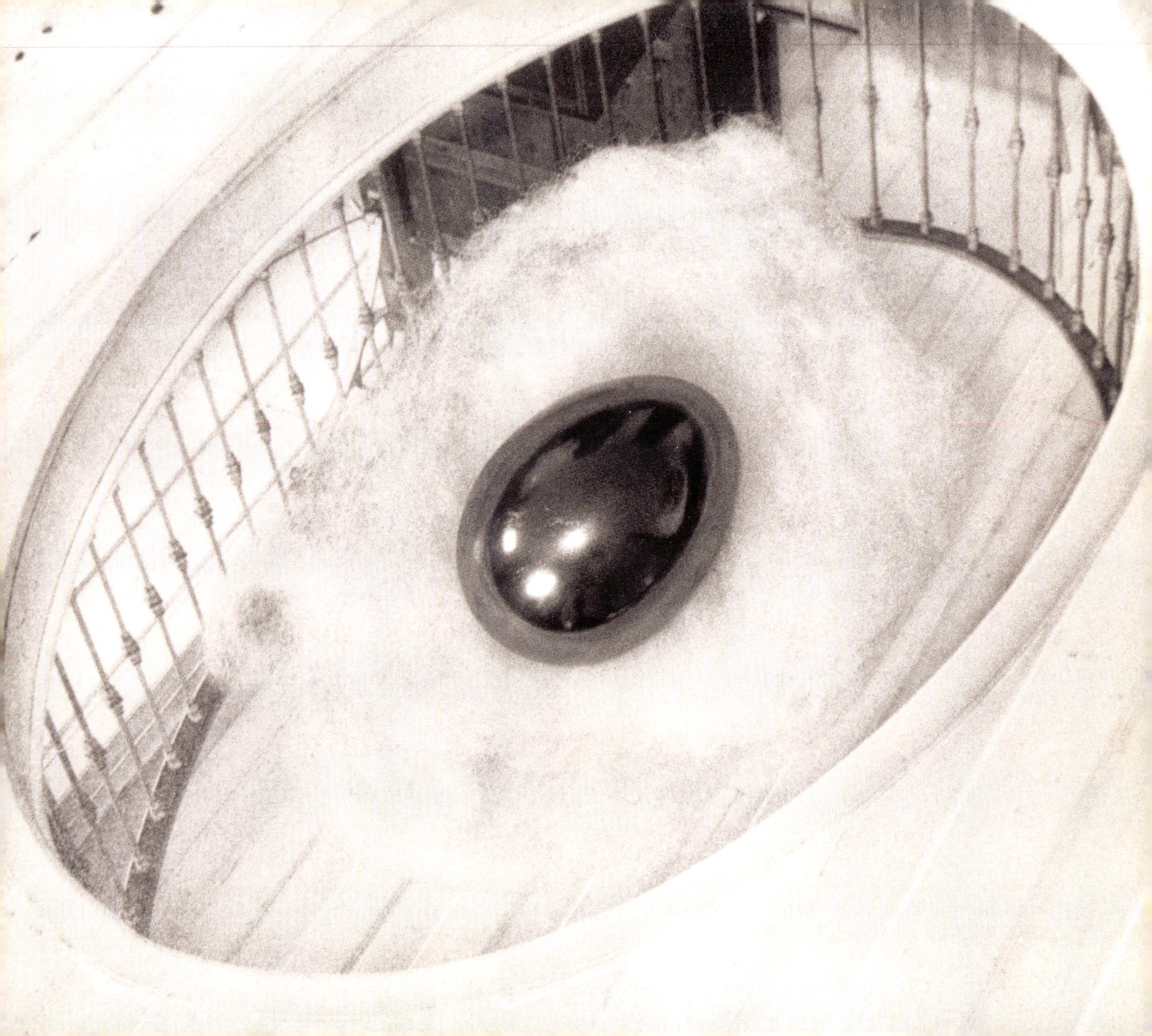

04 Leituras para Reflexão

4.1 Processos Criativos I: A Arte e suas Ligações

4.2 Processos Criativos II: Em Busca do Motivo Significante

4.3 Memórias em Branco: Uma Homenagem a Paul Celan

4.4 A Sombra e a Multiplicidade: Um Diálogo entre Nair Kremer e Clarice Lispector

Na página anterior: detalhe da instalação *Memórias em Branco*.

4.1 Processos Criativos I: A Arte e suas Ligações

Na página anterior:
História & Memória, instalação de Nair Kremer,
SESC Pompéia, São Paulo, Brasil,
14 de abril a 2 de maio de 1999.

Esta instalação é formada por três partes:
1. Os "Arquivos em Marrom" compreendem trinta arquivos com um total de 110 gavetas, as quais contêm: Elementos da Natureza; Referências à História da Arte e do próprio SESC, e Estímulo à Imaginação do Espectador, que englobam: materiais e objetos de diferentes origens, tais como materiais do cotidiano de uma casa, imagens, poemas, objetos do imaginário brasileiro etc.

2. As "Seis Gavetas Expandidas" compreendem: quatro plataformas e dois armários, todos em cor branca, e são ampliações correspondentes a determinadas gavetas dos arquivos marrons, conforme os números citados, nos quais são desenvolvidos os temas a que as gavetas se referem.

3. Mesas de Areia: Trata-se de um trabalho essencialmente experimental, onde se deslocou um consultório que faz uso das caixas de areia como sistema terapêutico, tentando eliminar as fronteiras entre Arte e Terapia, e ao mesmo tempo, efetivar o observador como co-autor. Na realidade, trata-se de uma comparação entre criação de instalações e construções nas caixas de areia.

Esta experiência, após sua documentação, poderá servir como matéria-prima para discussões mais amplas em diferentes foros.

Tendo como exemplo doze auto-retratos de Picasso[1], podemos por meio deles estudar toda a história da arte do século XX, porque Picasso passou por todos os "ismos". Mas estou levantando essa questão por referir-se diretamente ao nosso tema, que é o auto-retrato. Podemos dizer que um retrato é um espelho aberto, e é possível lê-lo de alguma maneira coerente.

O crítico John Berger[2] observou que os retratos de mulher de Picasso eram freqüentemente auto-retratos dele mesmo encontrados nelas. "Picasso", escreveu Berger, "só pode ver plenamente a si mesmo quando refletido numa mulher. Pode ser que, num sentido quase físico, todos os seus modelos fossem realmente usados como telas, telas preparadas por meio de lisonjas, medo, atos de amor, dinheiro ou amizade, fazendo com que jorrasse nos modelos todas as emoções que ele desejava experimentar em si próprio".

Essa mesma linha de pensamento – essa relação entre a vida de um artista e a obra que esse artista produz –, é amplamente estudada pelos sociólogos, psicólogos e escritores da literatura fantástica. Mas para a maioria de nós, os espectadores comuns, a obra de um artista não pertence apenas à sua vida, mas também às nossas próprias vidas, porque nela podemos nos ver refletidos. A partir do nosso reflexo nessa obra podemos nos ler melhor, podemos nos conhecer melhor. Daí a importância de se colocar os jovens em contato com inúmeras imagens.

Nossa identidade deriva das imagens de espelhos que existem fora de nós mesmos[3]. Essa identificação alienante é o modo como aprendemos a nos ver. Preso numa

"SEMPRE GOSTEI DE BAGUNÇA
BAGUNÇA, O QUE TENHO A
DEPOIS ACHAR DE NOVO
NOVO, REENCOTRO O NOVO NO VELHO
DESCANSADA E SEMPRE NOVA DE
ARTE É VIDA E VIDA É ARTE
robert rauschenberg

imagem que nos é fundamentalmente alheia, uma imagem feita de milhares de outras imagens fraturadas e fortuitas, como numa colagem cubista, o nosso ego é uma força inautêntica, funcionando para ocultar a sua essencial falta de unidade.

Ao examinarmos Picasso, vendo Guernica, podemos observar a imagem como violência, e Picasso diz sobre Guernica: "são animais, animais massacrados, só isso, pelo que me diz respeito, cabe ao público ver aquilo que deseja ver". Ou seja, vemos aquilo que desejamos ver, ou melhor, como conseguimos nos espelhar numa imagem.

Todo retrato é, em um certo sentido, um auto-retrato, que reflete o espectador. Como o olho não se contenta em "ver", atribuímos a um retrato as nossas percepções e a nossa experiência, na alquimia do ato criativo, todo retrato é um espelho. Para conhecer objetivamente o que somos devemos nos ver fora de nós mesmos, descobrindo o interno no externo, como fez Narciso, quando se apaixonou por sua imagem no lago.

Quando observamos uma imagem de Picasso, ou de Aleijadinho, ou qualquer outra obra de arte que nos é relevante, encontramos (sentimos, pensamos) que ela está revelando algo de nós.

Ainda sobre a importância das imagens (pintura, fotografias, reproduções, TV etc.), podemos dizer que o que vemos é a imagem traduzida nos termos da nossa própria experiência. Infelizmente, ou felizmente, só podemos ver aquilo que, em algum feitio ou forma, nós já vimos antes. Só podemos ver as coisas para as quais já possuímos imagens identificáveis, assim como só podemos ler em uma língua cuja sintaxe, gramática e vocabulário já conhecemos. O processo criativo amplia esse conceito.

Na realidade, tudo que estou falando tem a ver com o que chamo de relevante ou significativo quando um aluno observa uma imagem ou uma pintura. As pinturas o comovem porque parecem, metaforicamente, falar dele. Então, as pinturas são

Na página anterior:
História & Memória

Atividades Paralelas à Exposição
Arquivos em Branco

1. Oficina: Sonho, Memória e Arte
Ampliando o conceito de arte: Associações, analogias entre Instalação e Caixa de areia. Uma comparação entre o manuseio das caixas de areia no consultório terapêutico e a prática na arte contemporânea de "Instalações". Público alvo: Arte-terapeutas, arte-educadores, psicólogos, artistas e interessados em geral.

2. Oficina: Ver e Usar
Processo de criação e suas práticas: trabalhos de caráter interativo. Público alvo: Freqüentadores da exposição. Local: Espaço da Instalação.

3. Oficina: Apropriações e Deslocamentos dentro da História da Arte
Trabalhando com conceitos da arte contemporânea como: intervenção, deslocamento, ambigüidade, simulacro, por meio de exemplos de artistas contemporâneos. Público alvo: arte-educadores, artistas e interessados em geral.

4. Mesa Redonda: Arte e Terapia

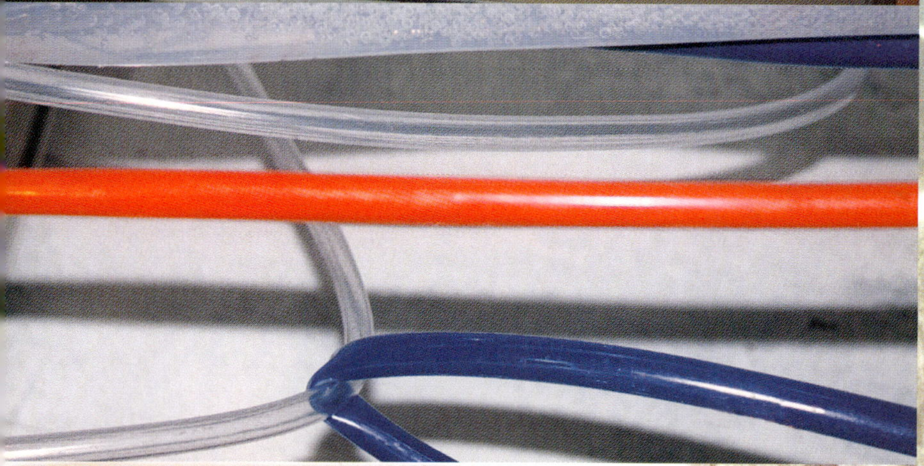

Na página anterior e abaixo:
História & Memória

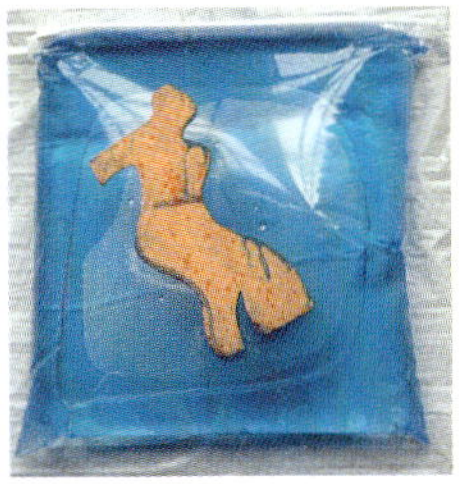

emolduradas pela sua apreensão e pela circunstância. E aí as obras tornam-se autobiográficas, é nesse instante que se desencadeia um processo criativo pessoal.

A forma em suas representações, é aquilo que ela é em nós: apenas um artifício para comunicar idéias, sensações, uma vasta poesia.

Dentro do Ateliê de Livre Criatividade trabalho a diferença. Trazendo para a sala de aula um número significativo de imagens, em suportes diferentes, técnicas diferentes, dá-se a oportunidade de cada um encontrar o seu espelho aberto, fazendo desencadear nele um processo criativo, baseado num confronto permanente entre o desejo e a realidade possível.

Ao analisarmos um trabalho pronto, três elementos são importantes: o expressar-se; o saber ler aquilo que qualificamos como obra de arte, criticando e analisando-a; e situá-la no tempo e no espaço.

Para Herbert Read[4], o mundo interior é a história dos acontecimentos vividos pelo homem no mundo exterior, desenvolvido por meio do contato que elaborou com a ambiência. Assim, o contato entre o indivíduo e o ambiente criou a internalidade humana. O homem interpreta cada uma das realidades como uma experiência única e subjetiva. Nenhum homem pode transferir a outro a sua experiência. A experiência é vivencial e por isso não se transmite. A arte nasceu da vivência do indivíduo com o ambiente, e ninguém transmite experiência para ninguém.

A tendência a não considerar a arte como algo extraordinário, mas como parte do comportamento, é algo que o indivíduo pode realizar, algo que pode fazer encontrando condições propícias. Entende-se por realidade da arte a fenomenologia do processo artístico como tal. Isto é, como a arte aparece, como se dá. O produto que aparece e o produto que se coloca. A arte é algo que tem existência, mas essa existência depende de alguém que a realizou e também de alguém que a usufruiu. A arte não é apenas algo separado do homem, mas é um produto do comportamento deste.

"SEMPRE GOSTEI DE BAGUNCA. NÃO DE ORDEM NEM DESORDEM. É
BAGUNÇA. O QUE TENHO À MÃO VOU MEXENDO ATÉ PERDER. PARA
DEPOIS ACHAR DE NOVO. ACHANDO O QUE PERDI ACHO O NOVO DE
NOVO. REENCOTRO O NOVO NO VELHO - É COMO A LUZ, A VELHA LUZ.
DESCANSADA E SEMPRE NOVA DE NOVO."
tunga
ARTE É VIDA E VIDA É ARTE. ARTE-VIDA. AONDE OS LIMITES?
robert rauschenberg

Toda essa experiência em que desemboca a arte, o próprio problema da liberdade, do dilatamento da consciência do indivíduo, da volta ao mito, redescobrindo o ritmo, a dança, o corpo, os sentidos, o que resta, enfim, a nós como arma de conhecimento direto, perceptivo, participante, levanta de imediato a reação dos conformistas de toda espécie, já que é ela (a experiência) a libertação dos prejuízos do condicionamento social a que está submetido o indivíduo. A posição é, pois, revolucionária no sentido total do comportamento – não se iludam, pois seremos tachados de loucos a todo instante: isto faz parte do esquema de reação...[5]

Hélio Oiticica

Na página anterior: *História & Memória*

Cada pessoa tem uma forma de ver o mundo, depende de como ela se insere ou se coloca nesse mundo. Por isso, a história da arte é diferenciada, pois existem épocas e estilos, e cada momento histórico corresponde a um ideal cultural que condiciona a percepção do indivíduo. Cada indivíduo tem um modo de ver o mundo, porém, existem padrões de referência comuns. Evidentemente, se dizemos isso, perceber é um ato individual, mas esse ato está determinado por ingredientes culturais. A cada fato cultural, corresponde, naturalmente, uma forma de percebê-lo. Podemos dizer que não existe uma estética, que há diferentes estéticas, como há diferentes culturas; e há tantas estéticas quantos forem os movimentos culturais.

A estética é uma forma de repensar a arte, é uma maneira de equacionar os problemas da arte num determinado momento. E modos de visualizar o porquê da arte e discuti-la em todas as suas manifestações.

A arte é a vontade do homem para transcender. O problema da arte é um problema bem mais profundo no mundo atual. Trata-se de valores: ao que damos valor, ao que o artista dá valor, ao que nós acreditamos ser um valor transcendental.

Tenta-se desenvolver no aluno uma linguagem, um fazer, onde ele coloca de si também. Se ele não colocar de si, ele é um técnico, não se está expressando e não estamos atingindo um dos objetivos principais da arte-educação.

A análise de uma obra de arte não está num único caminho interpretativo, está nos múltiplos caminhos que abre para as pessoas no tempo e no espaço. É um código aberto que se carrega de significado na medida em que os homens vão vivendo a arte. Isso é muito importante, porque os alunos, quando encontram alguma imagem na qual se identifiquem, em que possam se ler, existe uma gama de interpretações. E para podermos desencadear toda essa situação é que armamos esse ambiente dessa forma, com as três exposições, e é recomendável que vocês também façam isso nos seus locais de trabalho.

O mais valioso em uma obra de arte é o que ela suscita; por trás de cada obra de arte há uma carga de significados. A arte é o valor da arte. É um valor porque o homem conseguiu realizar uma obra específica de seus pensamentos. A arte não precisa ser necessariamente útil ou usufruível. Campos virtuais, potências que poderão ou não se atualizarem, quando se atualizam, ganham expressão na vida de alguém, e para isso precisa-se experimentar...

Não há uma memória pronta para ser recordada, mas, antes, uma memória à espera de ganhar forma, à espera de ser construída.

No universo de seus excêntricos arquivos, em que gavetas se abrem e se fecham, convidando a um vasculhamento e a uma recombinação dos sentidos, o público também encontrará cinzas. Testemunhos de memórias antigas e subvertidas, as cinzas anunciam um processo de purificação e transmutação pelo fogo. Em sua simples apresentação, as cinzas encobrem uma forma simbólica e ambiciosa de revisar a história, destruindo fatos amargos e de injustiça social através de uma cremação, profetizando, posteriormente, a construção de uma nova vida. Exímia manipuladora de mitos, Nair Kremer constrói, assim, um jogo de múltiplos objetos e possibilidades simbólicas. Abre suas próprias gavetas, como num diário de sensibilidades, convida transeuntes anônimos para que participem de seu território minado de intimismos, transforma-os em inevitáveis cúmplices na recriação da história.[6]

KATIA CANTON

PhD em "interdiciplinary arts" pela NYU, EUA,
e bacharel em jornalismo pela USP, Brasil.

Nas páginas anteriores e ao lado: *História & Memória*

4.2 Processos Criativos II: Em Busca do Motivo Significante

Na página anterior e abaixo:
Arquivos da Memória, instalação de Nair Kremer,
Museu de Arte das Américas,
Washington D. C., EUA
18 de junho a 18 de novembro de 1998.

Imagens e objetos oferecidos para que o indivíduo possa experimentar viver o anteriormente nunca vivido. O conhecido ainda não pensado, uma gama de aspectos apenas potenciais.

Usando o conceito de repetição com diferença, de Gilles Deleuze[7], descobrimos que essa é uma repetição prospectiva, cuja função é criar novas articulações e registros que antes não eram reconhecidos.

Assim pensada, a memória vai ao encontro de uma memória prospectiva, criando a possibilidade de descobrir e elaborar o que já foi vivido mas não havia sido pensado.

Em Busca do Motivo Significante

Através do olhar, do ver uma obra de arte ou reprodução, o observador é remetido às formações do inconsciente, que despertam e privilegiam o motivo significante, que lhe oferece a possibilidade de vivenciar a obra.

O homem é um ser biocognitivo que, diferentemente dos outros seres vivos, é marcado, atravessado e transformado, todo o tempo, pelo simbólico. "Na ausência de garantias, a vida é como um caminho que se faz a cada instante"[8].

Antes de se expressar, o sentimento humano não possui forma, apenas desperta potências do "vir a ser". Quando o indivíduo encontra os objetos oferecidos por um

A dualidade também é transposta no trabalho de Nair Kremer, porém, entre a realidade e a fantasia. Sua instalação desloca a paisagem contida nos prédios próximos à praça da exposição para o espaço externo. A artista nos apresenta uma disposição inédita de arquivos de escritório, envolvendo-os em uma nova postura isolada do contorno tradicional que os protege[9].

Tereza de Arruda

Na párina anterior:
Quadrante 1842, instalação de Nair Kremer, Avenida Paulista, 1842, São Paulo, Brasil, setembro de 1996.

meio afetivo propiciador, pode passar por novas experiências, ganhando novas articulações para aquilo que, se potencialmente já fazia parte dele, não havia ainda se expressado, sido experimentado, direcionado. As imagens, o educador, o ambiente acolhedor, promovem a elaboração das angústias, das ansiedades inimagináveis que, ao ganharem forma e articulações, passam a ser imagináveis ou imaginadas, despertando um campo de ressonâncias e presenças que permitem a travessia do aluno por seus territórios aterrorizantes. Quando isto ocorre – caso de Alcesarino –, pratica-se um deslocamento enriquecedor, que proporciona uma conquista de liberdade com relação aos seus temores e terrores[10]. Este processo possibilita o aparecimento de novos aspectos do potencial do aluno, e a isso denomino "encontro feliz"[11]. A questão da identidade deixa de ser algo estagnado e o indivíduo passa a ser um sujeito como processo.

No caso de Alcesarino, quando percebi seu olhar dirigido a uma imagem – uma imagem que trazia, para ele, ansiedade –, transmiti-lhe a confiança de que poderia se relacionar com essa ansiedade por meio daquilo que a imagem lhe havia comunicado, e este consentimento deu origem a um *insight*, proporcionando-lhe uma explosão criativa[12]. Reforçando o que Berta disse numa das apresentações sobre o meu trabalho, existe uma memória à espera de ganhar forma, à espera de ser construída, à qual poderia ser atribuída a expressão "memória prospectiva". Estando eu ao lado dele, Alcesarino percebeu a minha percepção sobre o seu olhar, e esta empatia e compreensão lhe transmitiu confiança e afetividade, que o incentivaram a extravasar suas angústias e medos.

Nesses casos, o monitor age como um propiciador, um facilitador do desencadear dos processos criativos. Alcesarino conseguiu renunciar às garantias e às referências do saber constituído, e pôde, por isto, ter uma vivência de risco, como não deixa de ser o brincar, o criar... E neste caso específico, surgiram imagens extremamente fortes e... magníficas!! Esta é uma dentre muitas formas de entender como se desencadeia o processo criativo.

Na página anterior e abaixo: *Interferências & Intercâmbio*, instalação de Nair Kremer, Aichi Prefectural University of Fine Art Aichi, Japão, maio de 1994.

A exposição localizada em um parque municipal era composta de: 78 pinturas a óleo circulares (diâmetros de 30 a 60 cm) 42 buracos no chão com água (refletindo o céu, diâmetros de 30 a 60 cm) oito carrinhos de lixeiros do parque que executavam o trabalho de limpeza carregando uma das pinturas de Nair Kremer, além de mapas do Brasil e fotos da cidade de São Paulo.

Partindo de situações concretas de minha experiência pessoal e singular em direção ao plural, e não para me localizar no campo da especulação, mas sim para compreender a mim mesma, busquei orientar-me melhor no cotidiano da existência, procurando explicações para entender o desencadear do meu próprio processo criativo.

"A passagem do virtual para o real se dá no jogo sem regras, que é o jogo libertador"[13]. Nesse caso, ser-pensar-fazer se correspondem.

Há muitas coisas que escapam ao conhecimento da inteligência racional discursiva, disse Freud. Se o intuitivo e o expressivo ocorrerem antes, o intelecto terá importante lugar durante o processo. Caso contrário, haverá um enjaulamento do desencadear do processo criativo.

Considerações Finais

Após a análise comparativa dos trabalhos dos participantes e sua relação com a história da arte, uma das mais relevantes perguntas a ser formulada é a seguinte: quais as verdadeiras funções da arte e sua conseqüente aplicação em educação?

Inicialmente, a arte pode ser compreendida como um dos mais válidos recursos para expressar idéias e sentimentos em determinados momentos da vida. Outro aspecto importante está na oportunidade de experiência que a arte oferece, projetando vivências, sensações íntimas e enfoques estéticos da realidade.

As expressões comportamentais colocadas pela arte estão em íntima união com a fantasia, o conhecimento e a afetividade do ser humano. Daí a relevância essencial que o processo artístico toma no sentido de autêntica manifestação.

Em um plano mais amplo, a arte aparece como um veículo de comunicação social e coletiva. Colocando os defeitos e as virtudes da sociedade de manifesto, por meio

[...] voltando à visita de Nair Kremer ao Museu: realizamos uma exposição um pouco relâmpago, mas o que interessou muito pela singularidade dos temas: Israel e as guerras que envolveram aquele país. Campos de batalha nos quais se erguem soldados reduzidos a mecanos automatizados em espiral, flechados por dados; e a extrema esperança, visões de um fantástico castelo de paz, num infinito, num mundo idílico. O anelito de Nair é justamente a paz. A guerra a atormenta, daí sua desesperada denúncia, em telas marcadas pelo pavor. São anotações vividas, que devemos meditar como um sério documento humano.[14]

Pietro Maria Bardi

Diretor do Museu de Arte de São Paulo – MASP, de 1952 a 1990.

Na página anterior:
Polifonias, instalação de Nair Kremer,
Centro Cultural Oswaldo Aranha
Israel, 1977.

Cartografias invisíveis elaboradas através da memória, onde o sujeito da pesquisa fez parte da própria observação.

Cadeira de sinagoga, armário, arado, gaiola, imagens de heróis nacionais, construções pioneiras, cesta de costura, banheira de bebê, além de outros elementos díspares integravam esta exposição. Trabalhando num reduto de ideais utópicos do Estado de Israel, com relações históricas, de origem, desenvolvimento e suas linhas de fuga: imigração, segregação, preconceito.

Um trabalho interativo com a comunidade, onde, além de poder manusear os diferentes elementos, havia um discurso gravado sobre os princípios ideológicos, ao qual a juventude reagia com sarcasmo e risos.

das representações que adota. A problemática da identificação individual com um propósito social pode-se expressar, em nossa época caótica, através da ansiedade.

A educação pela arte tenta o desenvolvimento de sensibilidade, imaginação e criatividade do ser humano, possibilitando-lhe um crescimento em termos de visão estética, emocional e intelectual de seu mundo. Isso tudo implica num fazer e pensar que foge do rotineiro caminho tradicional. Existe aqui, implícita, uma dinâmica pedagógica que afeta a própria dinâmica dos professores. Por isso não é, de maneira alguma, fácil esse desenvolvimento, pois ele é em si mesmo um propósito de qualidade experiencial.

A educação artística no seu âmago coloca como principal esforço a singularidade de cada pessoa. É um princípio básico e fundamental da educação pela arte, que cada estudante observe e descubra por si mesmo suas próprias forças, inclinações, possibilidades e limitações. A arte é ainda uma terapia das mais completas e eficazes, pois oferece uma catarse pessoal que leva ao encaminhamento de hostilidades, inibições e outros tipos de desordens psicofísicas. Por isso, o propósito subjacente mais adequado da educação artística é o desenvolvimento da saúde individual, levando ao reconhecimento das diferenças individuais que distinguem as pessoas umas das outras, e utilizando essas distinções subjetivas para estabelecer canais de conhecimento e auto-realização.

Considero a arte como uma das atividades humanas mais enriquecedoras e valiosas. Por sua vez, a arte dá ao indivíduo sentido do passado, visão do presente e prospecção do futuro.

A participação num processo artístico não deve acomodar o estudante no seu mundo cotidiano, mas procurar desenvolver senso crítico e analítico da realidade. Ao mesmo tempo em que se reconhece as riquezas subjetivas dos sentimentos, valores, percepções e potencialidades. O aspecto mais imediato é o diálogo que se deve estabelecer entre o estudante e sua cultura, intensificando o sentido de humanização progressiva e comunitária.

4.3 Memórias em Branco: Uma Homenagem a Paul Celan

Berta Waldman
Doutora em literatura brasileira pela Unicamp
e titular em literatura judaica pela USP.

Na página anterior:
Memórias em Branco
Instalação de Nair Kremer, Martin Luther-Kirshe
Colônia, Alemanha, 2000.

Distribuição do Espaço: O espaço da exposição compreendia três salas de 15 x 20 m cada (a terceira sala tinha 20 m de altura) e dois lances de escada com ninhos.

1ª sala: "Margareth e Sulamita", seis fotos de 60 x 80 cm
2ª sala: Instalação I: "Arquivos em Branco", doze arquivos em branco transparentes, dois balões de gás.
3ª sala: Instalação II: "Leite Negro", seis camadas superpostas de toalhas, quatro pratos com leite, quatro pratos vazios, escada de 26 m de altura, dois corpos vazados.
4ª sala: Lance de escada: "Ninho I", ninho de fios de seda branca, ovo de quartzo transparente.
5ª sala: Lance de escada: "Ninho II", espuma branca.

Completava a exposição a gravação do texto da poesia "Todesfuge", lido em diversas entonações e um vídeo, onde se vê: "despejando leite no prato".

O instigante título da exposição de Nair Kremer conduz-nos a pensar em pelo menos duas direções: ou a memória é virgem de registros, ou registrou, mas encobriu, recalcou.

Quantas vezes o homem submetido a situações traumáticas lança a experiência vivida para o abismo do esquecimento? Quantos fatos e circunstâncias abalaram nossa vida pessoal e coletiva e, soterrados, se mostram intangíveis?

Tocar o recalcado, tornar vulnerável o amortecido, implica retornar à experiência encoberta. Esse propósito subjaz à proposta de Nair Kremer neste trabalho sobre as memórias em branco.

É interessante observar a opção da artista pela quebra do ilusionismo mimético-realista, e por um tratamento lírico do representado. A visão das figuras aéreas sugerem um *gap* entre as experiências e sua absorção. O humano que levita sem peso, as cabeças vazadas e os corpos vazios são continentes cujo sentido se evolou. Eles são comensais de uma cena muda, entremeada, no entanto, pela palavra que alerta e alimenta, como o ovo que pode conter a serpente que mata, mas também o alimento que vivifica. Palavras, objetos e guardados que pendem das figuras aéreas apontam para a urgência da reposição de sentidos, só eles capazes de ancorar o sujeito no solo da história pessoal e coletiva.

O contato com materiais táteis (areia, água, pó, cinzas, papel, fotos, tecidos) configurados em objetos ao mesmo tempo reais e simbólicos, conteúdos e continentes, evidentes e escondidos, emula o resgate do esquecimento daquilo que foi o subs-

trato do vivido, mas também daquilo que poderia conduzir nossa história para outra direção.

Assim, viver é seguir um fio de vida tramado com outros muitos fios simultâneos que se tornam "visíveis" nas ressonâncias e nos interstícios de cada trajetória. E a arte que propicia essa aventura, também ela é a expressão do inacabado, do movimento que não se fixa num sentido único e fechado, à espera de múltiplas ressignificações.

Convém ressaltar que "Memórias em Branco" apresenta um caráter móvel, pois, deslocada a exposição, ela assume posições diferentes, segundo o arcabouço histórico em que se insira. Se na história alemã o ponto encoberto é o nazismo, em outros lugares, serão outros os pontos apagados.

Assim, extrair do silêncio um passado enclausurado para arejá-lo com expectativas e esperanças não realizadas, inscrevendo-as no presente como um apelo por um futuro diferente, este é, a meu ver, o intuito do trabalho de Nair Kremer.

Na página anterior e abaixo:
Memórias em Branco

4.4 A Sombra e a Multiplicidade: Um Diálogo entre Nair Kremer e Clarice Lispector

Berta Waldman

Tudo remete ao coração;
talvez mais que a coreografia corporal
usando mãos, dedos, antebraços,
o coração seja o motivo dominante
neste grupo de trabalhos.
N. K.

Na página anterior:
Ressonâncias: Homenagem a Clarice Lispector
Instalação de Nair Kremer
Galeria da Unicamp, Campinas,
10 a 25 de outubro de 1996.

A instalação era composta de:
A Paixão Segundo G. H.: quebra-cabeça impossível (árvore recortada),
Água-viva: objeto com vinte serigrafias sobre jornal,
A Descoberta do Mundo: dez serigrafias sobre papel couché e trabalhadas com tinta acrílica,
seis objetos pequenos de *mixed media* (objeto nº 2: *O ovo e a galinha*)
Perto do Coração Selvagem: seis pinturas a óleo: (pintura nº 3: O coração[15] como imagem e como função).
Laços de Família: escultura em ferro.
A Hora da Estrela: escultura em madeira.

Quem conhece a obra de Nair Kremer entende imediatamente o sentido da homenagem que ela faz à escritora Clarice Lispector, tantas são as coincidências que as une. Comecemos pelo processo de criação. Em ambas, a construção da obra se faz por acréscimo, isto é, fragmentos migratórios são retirados de seu lugar de origem, reinstalando-se na composição de novos objetos textuais e plásticos, que pedem para ser constantemente re-significados.

Segundo esse princípio construtivo regido pela operação metonímica, observa-se, por exemplo, na obra de Nair Kremer, a mesma figura feminina representada numa escultura de dois metros que compunha uma instalação, há anos atrás, reaparecer sorrateira numa pintura e prosseguir viagem até chegar a recorte em metal miniaturizado, erguida por um suporte metálico que diminui ainda mais seu tamanho, apontando romanticamente para a opressão do mundo moderno. Podemos ver ainda a mesma figura diminuta escondida num espaço intimista, que obriga o espectadora mudar o seu ritmo, até mesmo parar para vê-la.

Há, nesse processo de justaposição, além de um constante diálogo com o espaço físico, a procura de algo que, no entanto, não se encontra, uma vez que, ao juntar e re-juntar os fragmentos, não se chega à coincidência, num objeto único, de um signo que carregue sua significação. Assim, a figura feminina que percorre diacronicamente a obra de Nair, posta em diferentes posições e em diferentes medidas, é uma sombra que tateia o indizível.

Tanto em Nair Kremer como em Clarice Lispector, é pelo caminho indireto, pelo desvio, que se forma esse método de trabalho, que as obriga a voltar sempre, minuciosamente, às próprias coisas. Esse fôlego infatigável é feito de "voltas" que lançam os objetos em vários estratos de sua significação, ao mesmo tempo que alimenta o estímulo para um perpétuo recomeço.

Nessas idas e vindas, o diálogo que Nair empreende não é só o endogâmico, voltado para sua própria obra. Há nela referências em leque, cujas origens estão vinculadas a uma tradição modernista que vêm desde o início do século, como a escultura colagística de Picasso, Gansalez, Tatlin, indo até Rauchenberg. As pinturas de cidades fantásticas e de figuras robotizadas trazem para a cena o diálogo com os surrealistas principalmente com Max Ernest. Parceira de Jackson Pollock na pintura gestual, Nair imprime seu ritmo pessoal às imagens que se aprofundam e escapam da superfície do quadro. A arte "pop" está presente, por exemplo, nos múltiplos de Clarice Lispector reproduzidos sobre jornal, ou quando, em vez de representar o real, a artista opta por trazer para o âmbito de sua obra fragmentos da realidade, caso da árvore fatiada. Uma alusão à *optical art* pode ser surpreendida nas geometrias impossíveis, onde os limites entre espaço interno e externo se confundem, é o que ocorre com alguns quadros da série que registra a imagem do coração ou mesmo na escultura da árvore fatiada, que forma um quebra-cabeça impossível, que reluta em confirmar o axioma matemático que dita que a soma das partes forma o todo.

Na página anterior e abaixo:
Ressonâncias: Homenagem a Clarice Lispector

Esses diálogos, em diferentes direções, favorecem os efeitos circulares, as vozes em eco, que assombram tanto a ficção de Clarice como a obra plástica de Nair. Nos dois casos, paradoxais, sempre questionadas, as imagens se multiplicam, negam, intensificam, aumentam, incorporam, diminuem, caminham à deriva, procuram.

Na ficção de Clarice Lispector, os limites, o aprisionamento a que está fadada a condição humana e o desejo de liberdade ilimitado que a persegue se expõe sempre à sanção e ao fracasso. O fracasso é o estigma que a escritora carrega. Entre a realidade, sua matéria-prima, e a linguagem – o modo como vai buscá-la e não a en-

contra –, o seu esforço é o de buscar mas voltar com as mãos vazias. Com o indizível. "O indizível só me poderá ser dado através do fracasso de minha linguagem. Só quando falha a construção é que obtenho o que ela conseguiu."[16]

Enquanto nomeia e designa, a palavra faz surgir, à sua sombra, a multiplicidade do que não tem nome. Ela trai no que alcança dizer e é fiel quando silencia. Por isso é preciso lapidar as entrelinhas, golpear a linha e aumentar o cerco de silêncio que rodeia a palavra. Dispersa, mutilada, a linguagem espelha o vazio do sujeito à procura da própria imagem e de uma totalidade perdida do mundo em que vive.

Na página anterior e abaixo:
Ressonâncias: Homenagem a Clarice Lispector

Pode-se supor, a partir da prolixidade das formas de expressão de que lança mão – colagem, recorte, relevo, utilização do vazio da forma deixado pela forma, posição relacional dos objetos que resultam em "instalação", marcando uma notação de estilo propriamente dita –, que também Nair Kremer procura incansavelmente alguma coisa que lhe escapa, que não se deixa tocar ou representar, mesmo mobilizando tantas formas de expressão, inscrevendo-se também ela nessa espécie de "estética do fracasso", que trai no que alcança representar.

"O que não sei dizer", afirma Clarice Lispector, é mais importante do que o que eu digo [...] Cada vez escrevo com menos palavras. Meu livro melhor acontecerá quando eu de todo não escrever."[17]

Embora o programa estético de Clarice Lispector tivesse como horizonte o silêncio, o não-livro, ela é excessiva no exercício de uma escrita que se redobra e se contorce para ser conduzida ao limite de sua expressividade. Também aí Nair se encontra com Clarice, pois sua arte experimenta as mais impressionantes oposições: a ambivalência entre o uso de material "pobre" resultando numa visão ricamente colorida; a expressão que une alegria e sensação de desastre, lirismo e imagens apocalípticas, tudo isso no registro do excesso, marcado, ainda, pelos objetos que a autora coloca fora das imagens da obra (uma sereiazinha, um vaso, um galho de árvore), sinali-

zando, para alguma coisa que não se alcança representar, além, é claro, de propor uma re-significação pelo jogo das contigüidades.

Se apontei apenas para os aspectos que confluem nas obras de Clarice Lispector e de Nair Kremer, é porque queria aludir à legitimidade da homenagem que ora se faz, vinte e cinco anos após a morte da escritora.

Na página anterior e abaixo:
Ressonâncias: Homenagem a Clarice Lispector

Notas do Capítulo

1. Oito auto-retratos de Picasso estão reproduzidos no cap. 03, p. 186.
2. John Berger, *Successes and Failures of Picasso*, New York, 1965.
3. Segundo Lacan, a nossa identidade deriva das imagens de espelhos que existem fora de nós mesmos: essa "identificação alienante" é o modo como aprendemos a nos ver. Na visão de Lacan, o caso de Dora Maar ilustra as teorias psicanalíticas da identidade. Oscar Cesarotto (org.), *Idéias de Lacan*, 2ª ed., São Paulo, Iluminuras, 2001.
4. Herbert Read, *A Educação pela Arte*, Trad. Valter Lellis Siqueira, São Paulo, Martins Fontes, 2001 (Coleção a).
5. Hélio Oiticica, *Aspiro ao Grande Labirinto*, seleção de textos de Luciano Figueiredo, Lygia Pape e Waly Salomão, Rio de Janeiro, Rocco, 1986.
6. Retirado do texto do catálogo da exposição *História & Memória*, SESC Pompéia, São Paulo, 1999.
7. Gilles Deleuze, *Lógica do Sentido*, Trad. Luiz Roberto Salinas Fortes, São Paulo, Perspectiva, 1974 (Estudos, 35).
8. Jacob Bronowski, *O Olho Visionário*, Trad. Sérgio Bath, Brasília, UnB, 1998.
9. Retirado do texto do catálogo da exposição *Quadrante 1842*, São Paulo, 1996.
10. Esse tipo de deslocamento é o que se faz de mais importante no processo de arte-educação.
11. Anton Ehrenzweig, *A Ordem Oculta da Arte: Um Estudo sobre a Psicologia da Imaginação Artística*, Trad. Luís Corção, Rio de Janeiro, Zahar, 1969.
12. Isso é uma das possibilidades de desencadear seu processo criativo.
13. D. W. Winnicott, *O Brincar & a Realidade*, Trad. José Octávio de Aguiar Abreu e Vanede Nobre, Rio de Janeiro, Imago, 1975.
14. Retirado do texto do catálogo da exposição *Imagens de Guerra*, MASP, São Paulo, 1975.
15. O que marca este trabalho é a relação particular que nele se estabelece entre o espaço externo urbano e o interno (órgãos viscerais, coração). Há como que uma contaminação do ritmo acelerado próprio à cidade que invade o coração, ao mesmo tempo que a funcionalidade convulsiva do coração que "bomba" o sangue oxigenado invade o espaço urbano. Visto de outro ângulo, espaço e tempo ganham velocidade com o mote a paisagem urbana. Assim, os limites entre o interno e o externo ficam borrados, ao mesmo tempo em que se demarca a diferença entre as imagens e suas funções. Nessa pintura, espaço e tempo = velocidade, a qual é um dos fragmentos da instalação.
16. Clarice Lispector, *A Paixão Segundo G. H.*, edição crítica Benedito Nunes, Brasília/Florianópolis, CNPq/UFSC, 1988, p. 178.
17. Olga Borelli, *Clarice Lispector: Esboço de um Possível Retrato*, Rio de Janeiro, Nova Fronteira, 1981, p. 85.

TELE
CINE

Cronologia da Artista

Museu de Arte Moderna, MAM-RJ
Rio de Janeiro, Brasil, 1984.

Museu de Arte Contemporânea, MAC-SP
São Paulo, Brasil, 1989.

Na página anterior: auto-retrato
de Nair Kremer, 2000.

A arte de Nair Kremer, profundamente ligada a questões sociais e culturais e reforçada por seus deslocamentos de vida entre Brasil e Israel, assume heranças múltiplas. De um lado, toma corpo através do legado experimental, dos anos de 1960, encabeçado pela obra e pelo pensamento do artista carioca Hélio Oiticica, com seus parangolés, sua arte viva e interativa, suas improvisações e permissividades construídas diretamente a partir do cotidiano popular brasileiro.

Kremer também foi influenciada por sua vivência em um kibutz israelense, entre 1961 e 1985, alimentada pelas idéias socialistas e pela atitude do artista perante o mundo de questionar e se libertar de regras preestabelecidas, levantar as peles dos papéis sociais, expor contradições.

Nair é também arte-educadora, exercendo este ofício desde 1977 e, além de seus projetos e pesquisas individuais, trabalha como professora e orientadora em arte.

KATIA CANTON

PhD em interdiciplinary arts pela NYU, EUA
e bacharel em jornalismo pela USP, Brasil.

Nair Kremer nasceu em São Paulo, em 1938, filha de pais judeus austríacos. Mudou-se para Israel em 1961. Graduada em química, exerceu a profissão por dez anos antes de se dedicar à pintura. Fez parte do grupo que reunia nomes como Dani Karavan, Menashe Kadishman e trabalhava com intervenções na natureza e nos centros urbanos, criando um movimento análogo ao *land art* que se desenvolvia à mesma época na Europa e nos Estados Unidos. A artista fez seus estudos formais de 1978 a 1982 em The Art Teachers Training College, Israel, obtendo grau equivalente à pós-graduação em escultura.

Clone I, Roch-Hanikra Fields
Israel, 1993.

Hickory Museum of Art,
Hickory, EUA, 1999.

Universidade Federal Fluminense
Niterói, Brasil, 1990.

Retornou ao Brasil entre 1973 a 1975, tendo sido, nessa ocasião, convidada pelo professor Pietro Maria Bardi a realizar uma exposição individual no Museu de Arte de São Paulo (MASP). Em 1984, participou da exposição coletiva "Israel 84" no mesmo museu.

Representou Israel na 18ª Bienal de São Paulo, em 1985; em 1986, expôs no Museu de Arte Contemporânea de Budapeste como artista convidada. Ainda em 1986 recebeu a "Grande Medalha de Ouro" do Salão Bunkio, em São Paulo. Em 1988, participou da exposição "40 Anos de Escultura em Israel" – uma das maiores exposições de história do país – com um trabalho que passou a fazer parte do jardim de esculturas do Museu de Tefen, Israel.

Em 1989, fez uma exposição individual no museu de Arte Contemporânea (MAC) de São Paulo.

Em 1990, três de seus trabalhos passaram a integrar a coleção da New York University (NYU); participou da exposição na Pindar Gallery, NY, além de participar com trabalho e assento de duas mesas de debate do congresso internacional "Escultura nos Anos 90" em Washington, EUA. Em 1991, fez uma instalação no Museu de Arte das Américas, em Washington, e no mesmo ano, duas de suas esculturas passaram a integrar o acervo fixo deste museu. Em 1992, realizou uma exposição individual na praia de Bridgeport, EUA, (Bridgeport University). Em 1993, realizou a instalação "Clone I" nos campos de plantação de bananas (pelo sistema de clonagem) em Rosh Hanikrá, Israel. Em 1994, realizou a instalação "Clone II" em Aichi Prefectural University of Fine Art Museum, Japão, e participou da exposição "Cem Anos de Amizade Brasil/Japão" que percorreu os principais museus japoneses.

Em 1996, voltada para uma pesquisa sobre o feminino, fez uma homenagem na Galeria da Unicamp à escritora Clarice Lispector. Ainda em 1996 dá início a uma pesquisa, depois desdobrada em outras exposições, usando *arquivos* deslocados de sua ambiência que ganharam nova texturização, suscitando uma participação ativa do público (abrir/fechar gavetas). A primeira experiência ocorreu na avenida Paulista.

Art Museum of the Americas
Washington, EUA, 1998.

Em 1998, a artista retoma os *arquivos* e os expõe no espaço externo do Museu de Arte das Américas em Washington, EUA. Em 1999, os arquivos reaparecem numa instalação no SESC Pompéia, São Paulo.

No ano 2000 a artista executa uma exposição intitulada "Memórias em Branco", em homenagem ao poeta Paul Celan, no Centro Cultural da Martin Lutherkirche em Colônia, Alemanha.

Em 2001, a Pinacoteca do Estado de São Paulo adquire para seu acervo uma escultura da artista intitulada "Pietá". A escultura está localizada no Jardim de Esculturas da Pinacoteca, no Jardim da Luz, anexo à Pinacoteca.

Museu Aberto de Tefen
Israel, 1998.

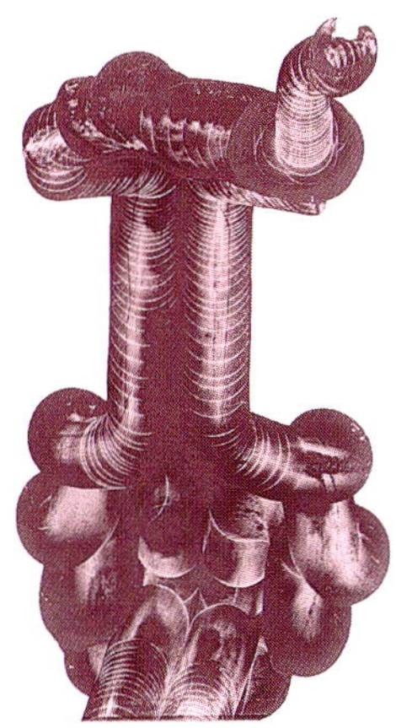

Museu de Arte de São Paulo,
MASP, São Paulo, Brasil, 1975.

Nesta página: XVIII Bienal de São Paulo, Brasil, 1985.

Como Nair em sua existência cotidiana vive uma situação de cruzamento de muitas possibilidades existenciais, assim a obra, conseqüência desta vivência se realiza mediante um cruzamento, um estreitamento de retomadas, os quais vêm reforçar seus fragmentos, a ruptura com uma visão puritana de unidade, possibilitando, assim, a fusão do conceito de arte e do conceito de mundo.

AMNON BARZEL,
Diretor do Museu do Prato, Itália, de 1988 a 1996, texto do catálogo *Quatro Artistas Israelís na XVIII Bienal de São Paulo.*

Na página seguinte: Campus da Open University Shaar Hanegev, Israel, 1983.

Indicadores Socioeconômicos da Região de Campo Limpo

Roteiro da Exclusão

O roteiro para a exclusão vem sendo escrito há muito tempo. Suas formas de atuação são bastante conhecidas e vividas por um contigente cada vez maior da população mundial. O formato sócio-político-econômico que vem se tornando hegemônico, formado pelo tripé constituído pelo neoliberalismo, globalização e tecnologia da informação aperfeiçoa este roteiro legitimando a lógica da exclusão. Esta lógica da exclusão pressupõe a formação de grandes contingentes de desempregados e o desmonte da estrutura de gastos sociais por parte do poder público. Com o Estado se negando a cumprir com seu papel de formulador de políticas que atenuem as diferenças sociais, cabe à sociedade civil realizar tal função. A Casa do Zezinho é uma das organizações que propõe idéias e projetos que atuam no sentido de reverter a expansão do contingente de excluídos sociais.

A região de atuação imediata da Casa do Zezinho está inserida no triângulo mais violento da cidade de São Paulo. Os índices mais altos relativos às taxas de violência são encontrados neste triângulo formado pelos bairros de Campo Limpo, Parque Santo Antônio e Jardim Ângela. Estamos no centro de uma das maiores concentrações de excluídos sociais. Para atuar com eficiência e eficácia na busca da reversão da tendência de construção de um contingente cada vez maior de excluídos, se faz necessário o desenvolvimento de novas formas de atuação que não remetam ao paternalismo, à comiseração, à filantropia. É necessário compreender a fundo a realidade social com a qual estamos lidando e as causas de sua formação.

Na página anterior: Vista das casas das crianças que participam deste livro, na região de Campo Limpo.

Mapa da Exclusão – Regional de Campo Limpo

Na região de Campo Limpo vivem cerca de 860 mil pessoas, das quais estima-se que 260 mil, um terço da população total, vive em favelas. Esta população, que é a mais dependente dos investimentos públicos no setor social para a melhoria de sua qualidade de vida, é, no entanto, a mais penalizada pela falta de acesso a serviços sociais que, no geral, estão disponibilizados de forma insuficiente.

A região é bem servida de rede de água, mas sua rede de esgoto já está subdimensionada e há ainda alguns bolsões não asfaltados. Nas proximidades do bairro do Morumbi há uma grande concentração de hipermercados. No restante da região há cerca de vinte centros de comércio de médio porte que se localizam, geralmente, nas vias de acesso de maior circulação. A região como um todo, porém, é servida por um comércio incipiente, de pequeno porte, capaz de garantir o atendimento apenas às necessidades básicas da população. A região é mal servida em termos de rede de saúde pública, com poucos postos de saúde e um grande hospital. É comum as pessoas terem que se deslocar para Santo Amaro e adjacências em busca de atendimento médico.

Violência

Dados referentes à ocorrência de homicídios em São Paulo, capital, de 1996, revelam que cerca de 37% deles aconteceram na zona Sul. Entre os dez distritos mais violentos da cidade, seis ficam na zona Sul. Os dois mais violentos são exatamente o Parque Santo Antônio e o Campo Limpo. Da totalidade das vítimas de homicídio na cidade, 7,85% ou 3.800 pessoas eram crianças ou adolescentes entre zero e dezessete anos. A faixa entre dezoito e 26 anos concentra 43% das mortes por homicídio. Na outra ponta, a dos autores dos homicídios, 8,5% tinham menos de dezoito anos de idade e 35% estavam na faixa entre dezoito e 23 anos. Ou seja: 44% dos homicídios na cidade de São Paulo foram cometidos por pessoas, na imensa maioria homens, com menos de 23 anos. Os dados estatísticos são referentes à grande São Paulo e, portanto, não se referem especificamente à região Sudoeste. No entanto, a região de atuação da Casa do Zezinho é estatisticamente considerada como a mais violenta da cidade.

Educação e Lazer

Como já dissemos, vivem em favela nessa região cerca de 260 mil pessoas, em aglomerados que se caracterizam por um emaranhado de casas e ruelas sem um mínimo de planificação, onde a privacidade é praticamente um luxo. Os poucos locais públicos de lazer resumem-se a campos de futebol e a algumas praças pequenas, em sua maioria mal localizadas e desprovidas de equipamentos próprios ao lazer. Além disso, dividindo-se o total da população da região pelo total de locais disponíveis para o lazer, chegamos a uma razão de utilização de 21 mil pessoas por local.

Em toda a região existem apenas duas bibliotecas públicas com um acervo bastante deficiente e instalações precárias, como a maioria das bibliotecas públicas do país. O número de vagas em creches é de 8.493, quando seriam necessárias, para atender satisfatoriamente à população, algo em torno de 60 mil vagas. Vale lembrar que estamos falando de uma região de baixa renda onde as mães têm necessidade imperativa de trabalhar. Sem opções, as mães vão trabalhar e deixam, geralmente, suas crianças tomando conta umas das outras.

No caso da rede pública de ensino, as vagas oferecidas para a faixa pré-escolar alcançam o montante de 16 mil. Seriam necessárias cerca de 58 mil vagas, ou seja, mais do que o triplo do que efetivamente existe. No ensino fundamental, correspondente ao antigo 1º grau, há cerca de 3.900 crianças entre nove e catorze anos que estão fora da escola. A situação é a mesma no que se refere ao ensino médio, correspondente ao antigo 2º grau: para uma população de 85 mil jovens entre quinze e dezenove anos são oferecidas apenas 27 mil vagas, um terço do que é necessário.

Estes dados estatísticos, frios, não contam a pior parte da história. Qualquer pessoa que tenha convivido com crianças e adolescentes efetivamente matriculados nas escolas públicas da região, como é o caso dos voluntários da Casa do Zezinho, sabe a precariedade da formação educacional a que são submetidos seus alunos – já convivemos com casos de adolescentes matriculados na 6ª ou 7ª séries que mal sabem fazer uma simples conta de divisão.

Inadequada à ocupação urbana, esta área possui o maior número de favelas e de habitações precárias da região e, conseqüentemente, muitas delas em situação de risco.

Jardim Ângela

Com a maior área territorial da região, este distrito localiza-se no setor Sul. Tem sua maior porção territorial dentro da área de mananciais, mas com grande número de loteamentos clandestinos e áreas vazias, não devido à especulação imobiliária, mas por serem charcos formados principalmente pelo córrego Embu-Mirim. Tem praticamente como única via de ligação e acesso a Estrada de M'Boi Mirim, que liga a capital ao Município de Embu-Guaçu. Nele localiza-se o Parque Ecológico, às margens do córrego Itupu.

Região Administrativa de Campo Limpo

Quatro Distritos: Campo Limpo, Jardim São Luiz, Capão Redondo, Jardim Ângela. (O quinto distrito, Vila Andrade, não está sendo computado.)

Divisas: *Oeste*: Municípios de Taboão da Serra, Itapecerica da Serra, Embu.
Norte: Região Administrativa do Butantã.
Sul e Leste: Represa do Guarapiranga, Rio Pinheiros e as Regiões Administrativas do Socorro e Santo Amaro.

Jardim São Luiz

O distrito mais populoso e mais densamente povoado localiza-se na área Leste. Nele se localiza o Centro Empresarial de São Paulo, um Hipermercado, o Cemitério São Luiz, o Terminal João Dias e o Parque Guarapiranga. Embora apenas uma pequena parcela de seu território esteja dentro da área de proteção aos mananciais, margeia grande parte da face Oeste da represa de Guarapiranga.

Faltam equipamentos sociais básicos como creches e escolas. É a região dormitório de Santo Amaro, onde a maioria da população trabalha ou tem que passar para ir trabalhar, ocasionando congestionamento nos horários de pico, sendo o transporte totalmente insuficiente.

Capão Redondo

Localizado na porção Oeste da região, faz divisa com Embu e Itapecereica da Serra. Seu quadro se assemelha ao Distrito do Jardim São Luiz, na densidade demográfica e na renda média, mas segundo a pesquisa Origem-Destino (1987-Metro), possui grandes problemas de transporte. Seus moradores percorrem as maiores e mais longas viagens em relação ao centro da cidade, de casa até o emprego e vice-versa.

Pontos importantes: Instituto Adventista de Ensino, Superbom, Parque Santo Dias, Terminal Capelinha e um Hipermercado. Ligado à região, o Município de Embu possui uma gleba que atravessa este distrito, mas ele vincula-se mais à capital que ao centro urbano do município vizinho (do outro lado da rodovia Régis Bittencourt).

Transporte

Está sendo implementada uma linha de Metrô Leve de Superfície (aéreo na maior parte do percurso), que vai do Largo 13 de Maio ao Capão Redondo, com aproximadamente 9 km de extensão.

São previstas seis estações intermediárias – Largo 13, Santo Amaro, Giovanni Gronchi, Vila das Belezas, Campo Limpo e Capão Redondo, distanciadas em cerca de 1,5 km entre si. O Metrô formará uma imensa malha de transporte urbano interligada a este sistema (ônibus, mini-ônibus, peruas), e haverá implantação de corredores de ônibus entre Itapecerica e M'Boi Mirim.

São previstos alguns terminais de ônibus que complementarão a malha com os já existentes e com os doze bairros envolvidos: Terminais Campo Limpo, Piraporinha e Jardim Ângela pela SP TRANS, e Terminais Capão Redondo e Guido Caloi pela CPTM.

Moradias – Perspectivas

a) Urbanização e verticalização de favelas.
b) Implantação de conjuntos populares.
c) Programa de regularização de loteamentos clandestinos.
d) Sacolões de materiais de construção.
e) Incentivo à criação de cooperativas habitacionais populares e mistas.
f) Apoio às iniciativas de mutirão e autogestão, não como a única alternativa e também não como política de habitação popular.

Ensino Fundamental

Pesquisa realizada pelo Movimento Campo Limpo 2000 nas escolas de primeiro grau indica que existem cerca de 500 crianças fora da escola no distrito de Capão Redondo e 1.300 no distrito do Jardim Ângela.

Provavelmente, no Campo Limpo, as escolas atendem parte da população das cidades vizinhas de Taboão da Serra, Embu e Itapecerica da Serra.

Censo Escolar da USP (1997) – 3.817 (2,6%) dos jovens de sete a catorze anos estavam fora da escola.

Ensino Médio

Censo Escolar da USP (1995) – Em 1995 existia uma população de 84.674 jovens entre quinze e dezenove anos e 26.541 vagas de 2º grau na rede estadual.

Esporte

Para um total de 861.248 habitantes temos 42 equipamentos de esporte e lazer (29 são pequenos campos de futebol). Dividindo o número de habitantes pelo total de equipamentos temos o número de 21 mil usuários por equipamento.

Centros de Juventude (CJ)

Atendimento muito baixo: 808 vagas representam apenas 4,38% da população-alvo.

Cultura

Apenas duas bibliotecas para toda a região.

Abastecimento

Feiras livres abastecem a população, que sofre constante e desordenada alta de preços, devido a sua localização em zona periférica e por falta de entreposto que receba a produção local ou de municípios vizinhos.

Saúde

A região conta apenas com um Hospital Municipal (Campo Limpo) e dois Postos de Saúde. Há a necessidade de construção de mais um hospital, além de três unidades básicas de saúde.

Dados populacionais

POPULAÇÃO

Distritos	*População*	*Área (km²)*
Campo Limpo	159.471	12,80
Capão Redondo	193.497	13,60
Jardim Ângela	178.373	37,40
Jardim São Luiz	204.284	24,70
Total	735.625	88.50

Fonte: Mapa da Exclusão/Inclusão da Cidade de São Paulo.

Faixa Etária da População

Distrito	*0 – 3 anos*	*4 – 6 anos*	*7 – 14 anos*	*+ de 14 anos*
Campo Limpo	17.716	12.449	25.291	104.829
Capão Redondo	24.735	15.608	39.778	115.533
Jd. Ângela	17.151	11.944	26.153	76.760
Jd. São Luiz	27.971	20.587	43.555	146.163

Fonte: BPD/92. Base de Dados para Planejamento – SEMPLA – Dados/92.

Concentração de Pessoas com mais de 70 Anos de Idade

Distritos	*Nº*	*%*
Campo Limpo	2.292	1,44
Capão Redondo	2.328	1,20
Jardim Ângela	1.623	0,91
Jardim São Luiz	2.548	1,25
Total	8.791	1,20

Fonte: Mapa da Exclusão/Inclusão da Cidade de São Paulo.

Densidade Demográfica – Média: 87,17 hab./ha

Distrito	*Densidade (Hab./ha)*
Campo Limpo	126,64
Capão Redondo	147,30
Jardim Ângela	64,37
Jardim São Luiz	90,39

Fonte: IBGE. Cf. *O Estado de S. Paulo*, 17/8/97, p. C4. Dados/1996.
Taxa de Crescimento Populacional: 2,43% ao ano

Dados Econômicos

Número de Estabelecimentos e Empresas Industriais por Tamanho

Nº de Empresas				Nº de Empregos	
Porte	*Nº Empregos*	*Nº Absoluto*	*%*	*Nº Absoluto*	*%*
Pequena	5 a 99	139	76,38	4.622	23,87
Média	100 a 499	39	21,43	8.964	45,92
Grande	500 e +	4	2,19	5.897	30,21
Total		182	100,00	19.523	100,00

Fonte: Senai-SP/DOP/DPPA-1993-1994.

Renda Populacional – A. R. CAMPO LIMPO

Distrito	*Até 4 SM*	*4 a 8 SM*	*8 a 15 SM*	*15 a 30 SM*	*Mais de 30 SM*
Campo Limpo	45.681	80.000	38.308	21.639	9.777
Capão Redondo	56.348	75.914	44.805	15.457	3.130
Jardim Ângela	34.982	50.427	36.962	8.185	1.452
Jardim São Luiz	63.620	83.397	66.955	19.777	4.527

Fonte: BPD/92-Base de Dados para Planejamento – SEMPLA – dados/92.

Distribuição Percentual da Renda dos Chefes de Família

Distrito	*% até 1,5*	*% +1,5 a 2*	*% +2 a 3*	*% +3 a 5*	*% +5 a 10*	*% +10 a 15*	*% +15 a 20*	*% +20*	*% Sem Rend.*	*% Sem Declaração*
Campo Limpo	14,29	7,59	17,36	20,37	21,38	6,50	2,47	2,60	6,53	0,91
Capão Redondo	17,50	9,50	19,42	19,81	16,62	4,04	1,36	1,78	9,35	0,60
Jardim Ângela	16,53	10,79	22,21	23,14	15,32	2,11	0,59	0,57	7,99	0,75
Jardim São Luís	15,03	8,11	19,07	21,65	20,15	5,04	1,79	1,83	6,70	0,62
Valores Médios	15,83	8,99	19,51	21,24	18,36	4,42	1,55	1,69	7,64	0,72

Fonte: Mapa da Exclusão/Inclusão Social da Cidade de São Paulo.

Dados Habitacionais

População por Área

Distribuição	*População*	*Área (km²)*
Campo Limpo	159.471	12,80
Capão Redondo	193.497	13,60
Jardim Ângela	178.373	37,40
Jardim São Luiz	204.284	24,70
Total	735.625	88,50

Fonte: Mapa da Exclusão/Inclusão da Cidade de São Paulo.

Propriedade Domiciliar

Distritos	*% de domícilios não próprios*
Campo Limpo	30,26
Capão Redondo	25,92
Jardim Ângela	32,02
Jardim São Luiz	32,68
Média Percentual	30,22

Fonte: Mapa da Exclusão/Inclusão da Cidade de São Paulo.

Precariedade Domiciliar

Distritos	*Total de Domicílios*	*Favelas*	*Cortiços*	*Improvisados*	*Total Precários*	*% Precários*
Campo Limpo	39.407	5.129	185	134	5.448	13,82
Capão Redondo	46.412	8.881	241	83	9.205	19,83
Jardim Ângela	41.943	7.212	249	106	7.567	18,04
Jardim São Luiz	50.834	8.884	189	73	9.146	17,99
Total	178.596	30.106	864	396	31.366	17,42

Fonte: Mapa da Exclusão/Inclusão da Cidade de São Paulo.

Dados Educacionais

Creches

Distritos	*Total vagas*	*Total (0-4 anos)*	*Demanda Real (70%)*	*Déficit*	*% Déficit*
Campo Limpo	2.143	17.273	12.091	9.948	1,82
Capão Redondo	1.834	22.353	15.647	13.813	2,53
Jardim Ângela	1.984	21.153	14.807	12.823	2,35
Jardim São Luiz	3.051	22.169	15.518	12.467	2,28
Total	9.012	82.948	58.063	49.051	2,245

Fonte: Equipe Casa do Zezinho.

Educação Infantil

Distrito	*Demanda (5 a 6 anos)*	*Total de Vagas*	*Saldo Vagas*	*% Saldo Vagas*
Campo Limpo	7.206	5.024	-2.182	-30,28
Capão Redondo	9.205	5.695	-3.510	-38,13
Jardim Ângela	9.073	4.482	-4.591	-50,60
Jardim São Luiz	9.263	4.519	-4.744	-51,21
Total	34.747	19.720	15.027	-42,55

Fonte: Equipe Casa do Zezinho.

PRIMEIRO GRAU

Distritos	*Demanda (7 a 14 anos)*	*Nº Matrículas*	*Deficit*	*%*	*Superavit*	*%*
Campo Limpo	28.579	34.006	0	0,00	5.427	2,79
Capão Redondo	36.721	44.138	0	0,00	7.417	3,81
Jardim Ângela	34.206	46.204	0	0,00	11.998	6,16
Jardim São Luiz	36.810	43.565	0	0,00	6.755	3,47
Total	136.316	167.913	0	0,00	31.597	4.05

Fonte: Equipe Casa do Zezinho.

ALFABETIZAÇÃO DO CHEFE DE FAMÍLIA
(sem instrução a 3 anos de estudo)

Distritos	*Nº*	*%*
Campo Limpo	6.597	16,74
Capão Redondo	8.716	18,78
Jardim Ângela	9.728	23,19
Jardim São Luiz	9.652	18,99
Total	34.693	19,42

Fonte: Equipe Casa do Zezinho.

CRIANÇAS NÃO ALFABETIZADAS ENTRE 10 E 14 ANOS

Distritos	*Analfabetos*	*%*
Campo Limpo	666	3,83
Capão Redondo	935	4,19
Jardim Ângela	903	4,38
Jardim São Luiz	817	3,69
Total	3.321	4,02

Fonte: Equipe Casa do Zezinho.

Concentração com mais de 70 Anos de Idade

Distritos	*Nº*	*%*
Campo Limpo	2.292	1,44
Capão Redondo	2.328	1,20
Jardim Ângela	1.623	0,91
Jardim São Luiz	2.548	1,25
Total	8.791	1,20

Fonte: Equipe Casa do Zezinho.

Mulheres Chefe de Família

Distritos	*%*
Campo Limpo	17,88
Capão Redondo	17,30
Jardim Ângela	15,27
Jardim São Luiz	17,80
Média	17,06

Fonte: Equipe Casa do Zezinho.

Mulheres Chefes de Família Não Alfabetizadas

Distritos	*Mulheres Chefes*	*% Mulheres Chefes*	*Mulheres Chefes não alf.*	*% Mulheres Chefes não alf.*
Campo Limpo	7.080	17,88	1.565	22,10
Capão Redondo	8.043	17,30	1.844	22,93
Jardim Ângela	6.420	15,27	1.767	27,52
Jardim São Luiz	9.068	17,80	2.091	23,06
Total	30.611	17,06	7.267	23,90

Fonte: Equipe Casa do Zezinho.

Casa do Zezinho – Micro-região

A Cooperativa Educacional e Assistencial Casa do Zezinho localiza-se no alto de uma colina próxima ao Parque Santo Antônio, a 800 m da favela.

O levantamento a seguir baseia-se na avenida Agostinho Rubim (cerca de 1 km), principal via de acesso da micro-região que compreende a Casa do Zezinho e a favela do Parque Santo Antônio. A favela ladeia o córrego Campo de Fora. A rua principal da favela é a Manoel Bordalo Pinheiro.

Comércio Local

1. Açougue	03
2. Adega	01
3. Auto-Peças	02
4. Avícola	02
5. Bar	50
6. Bazar	10
7. Borracharia	02
8. Cabeleireiro	04
9. Artigos Religiosos	01
10. Casa do Norte	03
11. Material Construção	06
12. Farmácia	04
13. Fliperama	03
14. Loja de Movéis	08
15. Loja de Roupas	06
16. Lanchonete	05
17. Madeireira	02
18. Mercadinho	10
19. Padaria	05
20. Papelaria	01

21. Posto de Gasolina	02
22. Sacolão da Prefeitura	01
23. Sapataria	03
24. Supermercado	01
25. Video Locadora	06

Fonte: Equipe Casa do Zezinho.

Serviços

1. Escola Pública 1º Grau	04
2. Escola Pública 2º Grau	03
3. Delegacia	01
4. Posto de Saúde	02
5. Rádio Comunitária	03
6. Igreja Universal	04
7. Terreiro de Umbanda	02
8. Escritório de Advocacia	08
9. Dentista	02

Fonte: Equipe Casa do Zezinho.

Profissões mais Comuns

Homens	*Mulheres*
1. Pedreiro	1. Auxiliar de Escritório
2. Auxiliar de Pedreiro	2. Diarista
3. Taxista	3. Recepcionista
4. Motorista de Ônibus	4. Auxiliar de Enfermagem
5. Cobrador	5. Pagem
6. Mecânico	6. Costureira
7. Frentista	7. Cozinheira
8. Motoqueiro	8. Ambulante
9. Vendedor	
10. Ambulante	

Fonte: Equipe Casa do Zezinho.

Tipos de Habitações das Favelas do Parque Santo Antônio e do Jardim Campo de fora

População total estimada em 10 mil pessoas (média de dez pessoas por barraco). Para melhor entendimento, dividimos as habitações em três categorias:

1. Barracos feitos de madeira, madeirite e sucata

– um cômodo;
– mobiliário: colchão, geladeira, televisão, fogão, aparelho de som, ferro de passar, tanquinho.

2. Habitação de Alvenaria

– três a quatro cômodos (quarto, cozinha, banheiro);
– mobiliário: cama, geladeira, televisão, fogão, aparelho de som, ferro de passar, tanquinho.

3. Sobrados

– cinco cômodos (sala, quarto, cozinha, banheiro);
– veículo próprio;
– mobiliário: cama, geladeira, televisão, fogão, aparelho de som, ferro de passar, máquina de lavar roupa.

Fonte: Equipe Casa do Zezinho.

Bibliografia

ARGAN, Giulio Carlo. *Arte Moderna: Do Iluminismo aos Movimentos Contemporâneos.* São Paulo, Companhia das Letras, 1993.

_______. *Projeto e Destino.* Trad. Marcos Bagno. São Paulo, Editora Ática, 2001, 1ª reimpr.

ARNHEIM, Rudolf. *El Guernica de Picasso: Génesis de una Pintura.* Barcelona, Gustavo Gilli, 1976.

BACHELARD, Gaston. *A Água e os Sonhos: Ensaios sobre a Imaginação da Matéria.* Trad. Antonio de Pádua Danesi. São Paulo, Martins Fontes, 1997.

BARBOSA, Ana Mae Tavares Bastos. *A Imagem no Ensino da Arte: Anos Oitenta e Novos Tempos.* São Paulo/Porto Alegre, Perspectiva/Fundação Iochpe, 1981.

_______. *Arte-educação no Brasil: Das Origens ao Modernismo.* São Paulo, Perspectiva, 1978.

_______. *Arte-educação: Conflitos, Acertos.* São Paulo, Editora Max Limonard, 1984.

_______. *Recorte e Colagem.* 2. ed. São Paulo, Cortez, 1989.

_______. *Teoria e Prática da Educação Artística.* 2. ed. São Paulo, Cultrix, 1978.

_______ (org.). *Arte-educação: Leitura no Subsolo.* São Paulo, Cortez, 1999.

BARBOSA, Ana Mae Tavares Bastos; FERRARA, L. D. e VERNASCHI, E. (orgs.). *O Ensino das Artes nas Universidades.* São Paulo, Edusp/CNPq, 1993.

BARBOSA, Ana Mae Tavares Bastos e SALES, Heloisa Margarido (orgs.). *O Ensino da Arte e sua História: Simpósio Internacional,* 3. São Paulo, MAC, USP, 1990.

BARRETT, Maurice. *Educação em Arte: Uma Estratégia para a Estruturação de um Curso.* Trad. Isabel C. Telmo e Irene B. Sam Payo. Lisboa/São Paulo, Presença/Martins Fontes, 1982.

BENJAMIN, Walter. "A Obra de Arte na Era da Reprodutibilidade Técnica". In: *Magia e Técnica, Arte e Política: Ensaio sobre a Literatura e a História da Cultura.* São Paulo, Brasiliense, 1994.

BONO, Edward de. *O Pensamento Criativo: Como Adquiri-lo e Desenvolvê-lo.* Trad. Eugênio Aurelino Borges. Petrópolis, Vozes, 1970.

BOURDIE, Pierre e HAACKE, Hans. *Livre-Troca: Diálogos entre Ciência e Arte.* Trad. Paulo Cesar da Costa Gomes. Rio de Janeiro, Bertrand Brasil, 1995.

BRASIL. Ministério da Educação e do Desporto. Secretaria de Educação Fundamental. *Parâmetros Curriculares Nacionais: Arte.* 2. ed. Rio de Janeiro, DP&A, 2000.

BRAUNE, Fernando. *O Surrealismo e a Estética Fotográfica.* Rio de Janeiro, Letras, 2000.

BRONOWSKI, Jacob. *Arte e Conhecimento: Ver, Imaginar, Criar.* São Paulo, Martins Fontes, 1983.

BROOK, Peter. *A Porta Aberta: Reflexões sobre a Interpretação e o Teatro.* Trad. Antonio Mercado. Rio de Janeiro, Civilização Brasileira, 1999.

BUBER, Martin. *Sobre Comunidade.* Trad. Newton Aquiles von Zuben. São Paulo, Perspectiva, 1987 (Debates, 203).

BUREN, Daniel. *Textos e Entrevistas Escolhidos (1967-2000).* Paulo Sérgio Duarte (org.); trad. Ana M. C. Santos, André Sena e Lúcia Maia. Rio de Janeiro, Centro de Arte Hélio Oiticica, 2001.

CARDOSO, Sérgio e outros. *Os Sentidos Da Paixão.* São Paulo, Companhia das Letras, 1987

CESAROTTO, Oscar. *Idéias de Lacan.* São Paulo, Iluminuras, 2001.

COELHO, Teixeira. *Guerras Culturais: Arte e Política no Novecentos Tardio.* São Paulo, Iluminuras, 2000.

______. *Dicionário Crítico de Política Cultural: Cultura e Imaginário.* São Paulo, Iluminuras, 1997.

DELEUZE, Guilles. *Lógica do Sentido.* Trad. Luiz Roberto Salinas Fortes. São Paulo, Perspectiva, 1974 (Estudos, 35).

EHRENZWEIG, Anton. *A Ordem Oculta da Arte: Um Estudo sôbre a Psicologia da Imaginação Artística.* Trad. Luís Corção. Rio de Janeiro, Zahar Editores, 1969.

FABRE, Joseph Palaui. *El Guernica de Picasso.* Barcelona, Blume, 1981.

FELDMAN, E. B. *Becoming Human Through Art: An Esthetic Experience in the School.* New Jersey, Prentice-Hall, 1970.

FERRAZ, Maria Heloísa e FUSARI, Maria F. *Arte na Educação Escolar.* São Paulo, Cortez, 1992.

______. *Metodologia do Ensino da Arte.* São Paulo, Cortez, 1993.

FISCHER, Ernst. *A Necessidade da Arte.* Rio de Janeiro, Zahar, 1976.

FRANKL, Viktor E. *Psicoterapia e Sentido da Vida: Fundamentos da Logoterapia e Análise Existencial.* Trad. Alípio Maia de Castro, 2ª ed. São Paulo, Quadrante, 1986.

FREIRE, Madalena *et alii. Observação, Registro e Reflexão: Instrumentos Metodológicos I.* São Paulo, Espaço Pedagógico, 1997.

FREUD, Sigmund. *Psicoanalisis del Arte.* Trad. Luis López-Ballesteros y de Torres, 3ª ed. Madrid, Alianza Editorial, 1973.

GARDNER, Howard. *Educación Artística e Desarrollo Humano*. Barcelona, Paidós, 1994.

_______. *Arte, Mente e Cérebro: Uma Abordagem Congnitiva da Criatividade*. Trad. Sandra Costa. Porto Alegre, Artes Médicas, 1999.

GOMBRICH, Ernest H. *Arte e Ilusão: Um Estudo da Psicologia da Representação Pictórica*. São Paulo, Martins Fontes, 1986.

_______. *História da Arte*. São Paulo, LTC, 1996.

_______. *Freud y la Psicologia del Arte: Estilo, Forma y Estructura a la Luz del Psicoanalisis*. Trad. Ricardo Domingo. Barcelona, Barral, 1971.

JUNG, C. G. *O Desenvolvimento da Personalidade*. Trad. Frei Valdemar do Amaral, 3ª ed. Petrópolis, Vozes, 1986.

KELLOGG, Rhoda. *Analisis de la Expressión Plástica del Preescolar*. Madrid, Cincel, 1985.

_______. *The How of Successful Finger Painting*. Belmont, Fearon, [s.d.].

KLEIN, Melanie. *O Sentimento de Solidão*. Trad. Paulo Dias Corrêa, 2ª ed. Rio de Janeiro, Imago, 1975.

KRAMER, Edith. *Terapia a través del Arte en una Comunidad Infantil*. Buenos Aires, Kapelusz, 1982 (Colección Psicoanálisis).

LANGER, Susanne K. *Sentimento e Forma*. São Paulo, Perspectiva, 1980.

LÉGER, Fernand. *Funções da Pintura*. São Paulo, Nobel, 1989.

LEWOWICKI, T., SINGER, H. e MURAHOVSCHI, J. *Janusz Korczak: Perfil, Lições, "O Bom Doutor"*. São Paulo, Edusp, 1998.

LUCKESI, Cipriano C. *Avaliação Educacional Escolar: Para além do Autoritarismo. ANDE*, São Paulo, n. 5, 1986, pp. 47-51.

MACHADO, Regina. *Ahc ed asac: Uma Reflexão sobre a Função da Arte no Magistério*. São Paulo, Secretaria de Estado da Educação, CENP, 1989.

MANGUEL, Alberto. *Lendo Imagens: Uma História de Amor e Ódio*. Trad. Rubens Figueiredo, Rosaura Eichemberg, Cláudia Strauch. São Paulo, Companhia das Letras, 2001.

MARIN, Alda Junqueira. *Educação, Arte e Criatividade: Estudos da Criatividade não Verbal*. São Paulo, Pioneira, 1976.

MARTINS, Miriam C. F. D. *Aprendiz da Arte: Trilhas do Sensível Olhar Pensante*. São Paulo, Espaço Pedagógico, 1992.

MERLEAU-PONTY, Maurice. *Fenomenologia da Percepção*. Trad. Carlos Alberto Ribeiro de Moura. São Paulo, Martins Fontes, 1994.

MILNER, Marion. *A Loucura Suprimida do Homem São: Quarenta e Quatro Anos Explorando a Psicanálise.* Trad. Paulo Cesar Sandler. Rio de Janeiro, Imago, 1991 (Col. Nova Biblioteca de Psicanálise, 3).

NEUMANN, Erich. *A Criança: Estrutura e Dinâmica da Personalidade em Desenvolvimento desde o Início de sua Formação.* Trad. Dr. Pedro Ratis e Silva. São Paulo, Cultrix, 1995.

PEDROSA, Mário. *Arte, Forma e Personalidade: Três Estudos.* São Paulo, Kairós, 1979.

PIAGET, J. e INHERDER, B. *A Psicologia da Criança.* São Paulo, Difel, 1986.

OSTROWER, Fayga. *Acasos e Criação Artística.* Rio de Janeiro, Campus, 1990.

REA, Silvana. *Transformatividade: Aproximações entre Psicanálise e Artes Plásticas: Renina Katz, Carlos Fajardo, Flávia Ribeiro.* São Paulo, Annablume/Fapesp, 2000.

READ, Herbert. *A Educação pela Arte.* São Paulo, Martins Fontes, 1982.

_______. *História da Pintura Moderna.* São Paulo, Círculo do Livro, 1980.

RHYNE, Janie. *Arte e Gestalt: Padrões que Convergem.* Trad. Maria de Betânia P. Norgren. São Paulo, Summus Editorial, 2000.

RILEY, Shirley. *Arteterapia para Famílias: Abordagens Integrativas.* Trad. Maria de Betânia P. Norgren. São Paulo, Summus Editorial, 1998 (Col. Novas Buscas em Psicoterapia, 55).

ROUDINESCO, Elisabeth. *Jacques Lacan: Esboço de uma Vida, História de um Sistema de Pensamento.* Trad. Paulo Neves. São Paulo, Companhia das Letras, 1994.

SEGAL, Hanna. *Sonho, Fantasia e Arte.* Trad. Belinda Haber Mandelbaum. Rio de Janeiro, Imago, 1993 (Col. Nova Biblioteca de Psicanálise, 12).

SONTAG, Susan. *Contra a Interpretação.* Trad. Ana Maria Capovilla. Porto Alegre, L&PM, 1987.

TEIXEIRA, Angela B. do Rio (org.). *O Mundo a Gente Traça: Considerações Psicanalíticas acerca do Desenho Infantil.* Salvador, Ágalma-Psicanálise, 1991 (Col. Psicanálise da Criança, 7).

WALLON, Henri. *Psicologia e Educação da Criança.* Lisboa, Veja, 1978.

WINNICOT, D. W. *Privação e Delinqüência.* Trad. Álvaro Cabral. São Paulo, Martins Fontes, 1999.

_______. *O Brincar & a Realidade.* Trad. José Otavio Aguiar de Abreu e Vanede Nobre. Rio de Janeiro, Imago, 1975 (Col. Psicologia Psicanalítica).

Título	*Deslocamentos: Experiências de Arte-educação na Periferia de São Paulo*
Autora	Nair Kremer
Produção Editorial	Marilena Vizentin Cristiane Silvestrin
Concepção Visual, Arte-final e Capa	Nair Kremer Estúdio Bijari – Maurício Brandão, Gustavo Godoy, Geandre Tomazoni, Rodrigo Araújo Cristiane Silvestrin
Imagens da Capa	Nair Kremer Assaf Suíssa Kremer Damiane Goulart da Silva
Editoração Eletrônica	Cristiane Silvestrin
Revisão de Texto e de Provas	Marilena Vizentin
Documentação Fotográfica	Nair Kremer Ana Jobim [p. 233 – MAM-RJ] Fabiana Modesto Leal Correia [p. 220 – as cinco fotos em tons avermelhados do lado esquerdo da pág.] Judith Elazari [p. 237] Levi Junior [pp. 238, 241, 243, 245, 247, 249, 251, 253, 255] Marines Maravalhas Gomes [pp. 212 (as quatro fotos da parte superior da pág.) e 230] Romulo Fialdini [pp. 198, 200 (abaixo), 204, 208 224, 226, 227, 228, 229, 233 (MAC-SP), 234 (Univ. Federal Fluminense), 235 (Art Museum of the Americas e Masp) e 236]
Pesquisa Socioeconômica	Equipe Casa do Zezinho
Divulgação	Regina Brandão Rodrigo Scialfa Falcão Aline Frederico
Secretaria Editorial	Eliane dos Santos
Formato	25,5 x 22,0 cm
Tipologia	Minion 11/17
Papel	Couché Fosco 120g/m^2 (miolo) Cartão Supremo 250g/m^2 (capa)
Número de Páginas	264
Tiragem	3 000
Fotolito, Impressão e Acabamento	imprensaoficial